Querida
Dra. Polo

P9-DDL-465

Querida Dra. Polo

Las cartas secretas de CASO CERRADO

AGUILAR

AGUILAR

Querida Dra. Polo: Las cartas secretas de Caso cerrado
© 2010, Dra. Ana María Polo

© De esta edición:
   2010, Santillana USA Publishing Company
   2023 N. W. 84th Ave., Doral, FL, 33122
   Teléfono (1) 305 591 9522
   Fax   (1) 305 591 7473
   www.editorialaguilar.com

ISBN: 978-1-61605-072-6

Fotografías de cubierta: Josh Reiss Photography
Diseño de cubierta: Edgar Sánchez
Diseño de interiores: Silvana Izquierdo

Todos los derechos reservados. Esta publicación no puede ser reproducida, ni en todo ni en parte,
ni registrada en, o transmitida por, un sistema de recuperación de información, en ninguna forma
ni por ningún medio, sea mecánico, fotoquímico, electrónico, magnético, electroóptico, por
fotocopia o cualquiero otro, sin el permiso previo por escrito de la editorial.

El autor y la editorial no pretenden prestar servicios legales, psicológicos o de otro tipo con
la publicación de este libro. En el caso de que dichos servicios sean requeridos, se deberá
solicitar la asistencia de un profesional calificado en el área. El autor y la editorial están exentos
de toda responsabilidad legal, pérdida o riesgo sufrido como resultado del uso y aplicación de
la información contenida en este libro.

Aunque el autor y la editorial han puesto su mayor empeño en proveer los números telefónicos
y direcciones de Internet correctos al momento de la publicación de este libro, el autor
y la editorial no se hacen responsables de cualquier error o cambios que se realicen tras la fecha
de publicación de este libro.

Neither the author nor the publisher is engaged in rendering legal, psychological or other professional services
by publishing this book. If any such assistance is required, the services of a qualified professional should be sought.
The author and publisher will not be responsible for any liability, loss, or risk incurred as a result of the use
and application of any of the information contained in this book.

While the author and the publisher have made every effort to provide accurate telephone numbers and Internet
addresses at the time of publication, neither the publisher nor the author assumes any responsibility for errors
or for changes that occur after publication.

Published in The United States of America
Printed in USA by HCI Printing

15 14 13 12 11   8 9 10 11 12

Índice

Una carta de la Dra. Ana María Polo

Si estás leyendo esta carta, debes saber que este libro no es para menores, ni tampoco para todos los gustos. Su alto nivel de contenido sexual, tan crudo como expresivo, podría provocar náusea a muchos... entre otras reacciones.

Pero el propósito de este libro no es causarle náusea a nadie. Es mostrar diferentes aspectos de las relaciones humanas, incluyendo la vida sexual, que más a menudo de lo que pensamos (yo hasta diría que casi siempre) se convierte en protagonista de nuestras relaciones; y por ende, de nuestras vidas.

Mi propósito aquí es responder a las preguntas que me plantea la gente de manera clara y sin prejuicios; de acuerdo a mi criterio, por supuesto.

Estoy segura de que al leer las cartas que este libro contiene, muchos se sorprenderán de la forma en que otros individuos o familias, aparentemente como las nuestras, escogen vivir. Pero durante mis más de treinta años de experiencia en el estudio y aplicación de la ley, puedo decir con toda certeza que las historias más desgarradoras, escandalosas e inimaginables las he escuchado "tras bastidores" como abogada en derecho de familia, y no en los casi diez años que llevo conduciendo el programa *Caso cerrado*, que se ve a través de la cadena de televisión Telemundo en Estados Unidos, y en distintos canales y cadenas a lo largo y ancho de Latinoamérica aahhhh, y no olvidemos a la Internet por donde muchos se unen al público analítico de *Caso cerrado*.

Lo que sucede es que muchas personas que atraviesan por un proceso de divorcio o litigio familiar no tienen los medios para contratar a un sicólogo y a un abogado a la vez. Esto sería lo ideal, ya que los problemas actuales son traumáticos y dejan profundas heridas en muchos casos. Obligados por la situación, escogen al abogado, pero la necesidad de exteriorizar lo que sienten, aunque no tenga nada que ver con el proceso legal, o sea irrelevante, se hace presente. Así fue que adquirí una de mis mejores cualidades, la de saber ESCUCHAR; escuchar atentamente y con la intención de ayudar.

Les invito a hacer lo mismo, porque aunque cada caso es un mundo único dentro del cual encontrarán las aberraciones más insospechadas, aterradoras, estremecedoras y, quizás por eso mismo, las más secretas, ojalá recuerden que al momento de escribirme, las personas que conocerán a lo largo de este libro se encontraban en una situación que las hacía vulnerables y necesitaban desesperadamente de alguien que les dijera qué hacer, que les ayudara a distinguir entre la realidad y la fantasía, entre el bien y el mal, entre lo correcto y lo incorrecto, lo moral y lo inmoral, lo natural y lo anormal. Y es que a veces lo que diferencia una cosa de la otra es casi imperceptible para el que se encuentra inmerso en el "problemón".

Este libro se puede tomar como una radiografía humana para aquel que esté confundido y no pueda ver de qué lado está su mundo.

Las diferencias sociales y económicas, la religión y hasta las barreras idiomáticas no existen ante los ojos de la ley porque la justicia es ciega, y ante ella todos somos iguales; aunque a veces mi experiencia (a diferencia de lo que dice la teoría) me haya demostrado lo contrario. Lo ideal sería que los seres humanos no tuviésemos prejuicios de ningún tipo, ni nos importaran las razas, el sexo o las creencias religiosas. Al final, lo que realmente importa es que podamos ser quienes queramos ser, siempre y cuando no le hagamos daño a nadie.

Otra cosa útil que me ha enseñado la vida es que debemos estar vigilantes, porque hasta aquellos que consideramos los más intachables y correctos pueden tener su lado oscuro y oculto.

Muchas veces creemos que nuestros problemas son los más complejos y extraños del mundo, cuando en realidad hay millones de personas experimentando lo mismo. Por eso hay que buscar ayuda y no dejar que los sentimientos de culpa o la falta del perdón hacia nosotros mismos y hacia los demás nos impidan salir de la mugre y el estiércol en el cual, a veces sin querer, nos revolcamos.

Si con este libro logro que al menos una persona que esté enfrentando en su vida circunstancias que no desea, o que son contrarias a sus genuinos principios, encuentre la posibilidad de salir de su situación, habré cumplido con mi objetivo.

Dra. Ana María Polo

Querida Dra. Polo: Las cartas secretas de CASO CERRADO

Estimada doctora Polo,

A veces en la vida, el mal viene disfrazado de bien. No sé cuándo comenzó esta desviación mía ni por qué, pero confieso que soy débil y descarada y que, escondiéndome detrás de "ayudar al prójimo", satisfago una parte oscura que hay dentro de mí. La fuerza de mis "antojos" es más profunda que el amor de madre, de esposa y hasta el mío propio. Le cuento, Dra. Polo:

Tenía once años cuando me fijé en Ernesto. Él bailaba tango en aquel boliche como si estuviera hablando con esa mujer; era una comunicación silenciosa en la que los cuerpos se entendían a la perfección. Él tenía 18 años y yo sabía que él no se iba a fijar en mí, pero en ese mismo instante me prometí que aprendería a bailar tango y regresaría. Dra. Polo, perdóneme por querer contarle cada detalle, comenzando esta historia desde el momento en que conocí a Ernesto y no por el problema que me aqueja hoy. No es que quiera hacerla perder el tiempo, pero es que necesito que me conozca si es que va a poder darme un consejo sobre mi complicada situación.

Cuando volví a entrar a ese boliche, tenía 17 años. El local se llamaba "Los Mareados" y Ernesto todavía trabajaba allí porque, como me enteraría más tarde, era el negocio de sus padres.

Cuando entré, él no notó mi presencia. Al rato, empezó a sonar un tango en la vitrola y empecé a bailar, luciéndome con mi maestro de tango. Durante el baile, busqué los ojos de Ernesto. Cuando los encontré, empezamos a bailar con la mirada. A los treinta días estábamos casados.

Bailábamos diariamente en el boliche, no importaba si eran las dos de la tarde o las cinco de la mañana. Bailábamos igual. Así pasó el tiempo y, dos años después, quedé embarazada de nuestro primer hijo, Ernestito. Seguimos bailando, ajustando las posiciones, hasta el día antes de parir.

Aparte de Ernesto y el tango, yo tenía una tercera pasión: planchar. El calor de la plancha en los fríos inviernos de mi país era placentero, además de que desde niña me había ganado la vida planchando. Por eso, cuando los padres de Ernesto repartieron la ganancia de la venta del boliche entre sus tres hijos, le dije: "Vamos a comprar una tintorería para yo trabajarla". Y así fue. Nos enteramos por Sebastián, un primo de Ernesto, que los suegros de Sebastián estaban vendiendo una tintorería a muy buen precio en Recoleta, en Buenos Aires. Nos mudamos para la capital y nació Ernestito. Ernesto y yo trabajábamos todo el día en la tintorería, donde podía darme el lujo de tener a mi hijo con nosotros y amamantarlo entre plancha y plancha.

Sebastián, otros primos, sus esposas, sus familias y amistades, teníamos un grupo muy divertido y seguíamos bailando. Sebastián quiso aprender a bailar tango, aunque él era roquero desde niño. Ernesto me dice un día: "Gimena, ¿por qué no enseñás a Sebastián a bailar tango?", y así lo hice. La primera vez que intentamos bailar, sentí su entrepierna y el calor que despertó en mí. Aproveché de inmediato el roce de mis pezones para comenzar el diálogo de la pasión. Con el baile escondimos nuestras verdaderas intenciones.

Querida Dra. Polo: Las cartas secretas de CASO CERRADO

Su esposa y yo, a pesar de nunca haber hablado de esto, sabíamos que no éramos las únicas. El baile de conquista se convirtió en una forma de ayudar a salvar el matrimonio de Sebastián y Patricia. Por eso, doctora, le digo que soy una descarada. Porque ahí empecé a justificar mis deseos, como si ayudarlos a ellos como pareja me diera licencia para hacer lo que me diera la gana, hiriendo y quitándole a mi familia tiempo y recursos, y con ellos mi lealtad como madre y esposa. Egoístamente, yo pensaba que mi marido, el amor de mi vida, tenía que entender y aceptar esta situación porque yo, la heroína, estaba salvando el matrimonio de Sebastián, ya que Sebastián era un mujeriego y yo lo convencí de que dejara a todas las otras mujeres y sólo se quedara con su mujer y conmigo. Aquí, Dra. Polo, es dónde yo me confundo. ¿Soy tan mala? ¿Esto no es ayudar al prójimo?

Yo, con el pretexto de un servicio a domicilio, dejaba al niño con su padre y me encontraba con Sebastián. Al enterarse Ernesto, quedó fuera de sí, mientras yo trataba de explicarle que la razón de mi infidelidad era ayudar a Sebastián para que dejara sus salidas y encuentros con otras mujeres y se dedicara a su matrimonio. Su ira era incontenible, de un golpe, rompió el espejo de la cómoda y me gritaba, "¡Ese c... es mío, esas tetas son mías, no podés dárselas a nadie más que a mí!" Me tiró contra la pared, me golpeé la cabeza y perdí el conocimiento. Cuando me desperté, tenía el calor de su aliento en mi clítoris. La pasión incendió de nuevo nuestro amor. Para alejarnos, decidimos vender nuestro negocio y trasladarnos a California. Su única condición fue que le prometiera que nunca más volvería a bailar tango con alguien que no fuera él.

Abrimos otra tintorería en Santa Ana, California. La nueva vida empezó con un regalo: mi segundo embarazo. Nació mi niña Alejandra con los ojos azules de Sebastián. Ernesto me dijo que no quería saber si era su hija o no. ERA SU HIJA Y PUNTO. Pasaron los días en el calor de la tintorería y el ir y venir de los clientes, que cada vez eran más. Con el calor de las planchas, comencé a sentir algo muy raro, no lo resistía. Me latía la vagina como si tuviera corazón propio, podía tomarme el pulso en el clítoris sin ningún esfuerzo. Tenía orgasmos múltiples sin proponérmelo y tuve que aprender a controlar la expresión de la cara, cosa de poder hablar con un cliente mientras estaba teniendo un orgasmo. Pensé que me estaba volviendo loca. La vida sexual de Ernesto y mía estaba mejor que nunca, pues él se aprovechó de aquellos orgasmos y ya conocía cuando venía uno y me c.... tiempo para disfrutarlo él también.

La rutina me llevaba a diario al banco, y en uno de mis viajes me quedé un ratito más escuchando a Diego, uno de los cajeros, que por razones desconocidas se sentía muy cómodo hablándome de su vida íntima. Con las semanas nos fuimos acercando más. Él me contaba que tenía muchos problemas, que su mujer era deficiente mental y lo maltrataba. Un día en el estacionamiento del banco, fuera de la vista de todos, me confesó con detalle que era jugador. Me contó que lo hacía para escapar de la situación que tenía con su esposa, que ella era muy agresiva, y me enseñó las marcas en su cuerpo de los golpes que le daba. Ese día nos besamos. Inmediatamente después del beso, él me pidió un favor: que le prestara tres mil dólares. Me dijo que le debía ese dinero a un prestamista que lo estaba amenazando con una golpiza. Faltaban dos días para el décimo cumpleaños de Alejandra y yo tenía cinco mil dólares para los gastos de su fiesta que incluía un show de payasos. Metí la mano en la cartera y pensé: "Este dinero es de mi hija". Pero justo en ese momento, él me besó la cabeza y me pidió perdón por el atrevimiento. No lo pensé más. Saqué la mano de la cartera con el dinero y le di los cinco mil.

La necesidad de dinero por parte de Diego siguió aumentando. Antes de pedirme dinero, siempre me demostraba algún tipo de afecto, pero nunca pasó de ahí. Para este punto, ya yo le había prestado cincuenta mil dólares y pensé que era hora de contárselo a Ernesto. Conduciendo de regreso a la tintorería, yo me preguntaba qué desequilibrio había en mí para pagar tanto por una caricia. Ese dinero era de mi familia, y bien duro que trabajábamos para ganarlo, y yo tan libremente se lo daba a un jugador. Pero ahí no pararon mis problemas, Dra. Polo. Aún se complica más la cosa.

Yo conducía y por dentro ensayaba cómo decirle a Ernesto lo que había hecho. Me imaginaba otra tirada contra la pared y pensaba: "Bueno, eso no es tan malo". Lo próximo que supe es que desperté en una clínica con la mirada de Ernesto sobre mí, entre tierna y asustada. Le pregunté qué pasó y me cuenta que me pasé un semáforo y me chocaron, que no tenía el cinturón de seguridad puesto y que rompí el parabrisas con mi cabeza. Estaba tan asustada que le pregunté por "Diego"; él me mira y me pregunta: "¿Quién c..... es Diego?". Ahí mismo pensé que prefería haberme muerto que explicarle la situación en la que me encuentro. Pero ganó mi consciencia. Cuando se lo dije, ¿qué cree usted que le molestó más a mi marido?

Según Ernesto, yo le estaba mintiendo. Para calmarlo, tuve que confesar una infidelidad que nunca pasó. Él gritaba: "¿Quién c..... le presta cincuenta mil dólares a un jugador sin ninguna recompensa? ¿Creés que soy un boludo? Te acostaste con el tipo ése y le entregaste el poder sobre ti. No existe otra explicación". En eso entró el médico para darme el resultado del *scan*. Con voz muy grave, no sé si porque sospechaba alguna enfermedad muy mala o porque había escuchado lo que me gritaba Ernesto, nos dijo que tenía la cabeza muy inflamada y que había que esperar unos días para ver bien el resultado. Ernesto cambió de inmediato. Me abrazó y me dijo: "Tranquila, flaca, yo te cuidaré".

Al mes, nos enteramos que tenía un tumor benigno en la cabeza. Me operaron y me recuperé con el amor incondicional de Ernesto.

Volví a la tintorería y a los pocos días me enteré de que Diego dejó el trabajo, que todo era mentira, que nunca estuvo casado y que desapareció. Ernesto y yo cerramos ese capítulo y nunca más se habló de esto.

Pasaron aproximadamente tres años de mi operación y un día me quedo mirando a Alejandra, que ya tenía trece años, y vi a Sebastián en su rostro. ¡Qué fuerte es la genética, Dra. Polo!, y qué difícil debe ser para Ernesto mirar a Alejandra y ver la cara de su primo pintada en ella. Más cuando, de nuestros dos hijos, ella siempre fue su preferida. Así es la vida de c...... y lo mío no paró aquí.

Mario y Laura eran los padres de Sofía, una amiga de Alejandra. Ellos venían mucho por la tintorería y también nos veíamos en actividades de la escuela de las niñas. Empecé a notar que Mario venía desarreglado y ojeroso y Laura muy agresiva. Ella era ama de casa y madre a tiempo completo.

Querida Dra. Polo: Las cartas secretas de CASO CERRADO

Un día, Laura vino a despedirse y me dijo que tenía que divorciarse de Mario. Me confesó que, lejos de ser un matrimonio perfecto, encaraba una situación insostenible porque Mario había perdido su bufete, sus ahorros y ahora la casa, por su adicción a las drogas.

Sólo le pedí que no le dijera la verdad a Alejandra. Que le explicara que su mejor amiga se mudaba a México porque su abuelo estaba enfermo y la familia necesitaba cuidar de él.

Doctora, cuando Laura lo dejó, Mario se desapareció y yo le decía a Ernesto que había que buscarlo. Un día, Mario apareció en la tintorería para pedir comida porque no tenía un centavo. Casi no lo reconozco. Había perdido como cincuenta libras, el pelo le había crecido hasta los hombros y se había tornado canoso. Tenía barba, los ojos hundidos y le faltaban algunos dientes. ¿Cómo puede pasar esto en cuatro meses? ¿Qué droga puede llevar a un hombre a este abismo? Llamé a Ernesto y le pedí que trajera una sopa, que Mario había aparecido y estaba en una condición deplorable.

Lo llevé a la trastienda, le quité toda la ropa asquerosa que traía y la deseché. Con un toalla húmeda y jabón, comencé a lavarlo. Las lágrimas me nublaban la vista, pero no lo suficiente para evitar que me fijara en su pene que era grande y rosado. Busqué ropa que habían abandonado otros clientes y lo vestí. Ernesto llegó justo para verlo sentado y limpio. Se tomó la sopa con una mirada perdida, me dio las gracias y se fue. Dra. Polo, sentí como un relámpago la necesidad de protegerlo. Pero en ese momento Ernesto se dio vuelta, reconoció en mi rostro una expresión muy familiar y me dijo: "¡Gimena, ni se te ocurra llevarlo a la casa!"

Dra. Polo, yo sabía que lo que Ernesto me estaba diciendo era lo correcto, pero sentía el deseo de lanzarme al abismo y salvar a Mario. Le alquilé una habitación a escondidas de Ernesto, tomé ropa de la tintorería, comida y una plancha y llevé todo para la habitación. Mario no estaba. Me desesperé y salí a buscarlo otra vez. Lo encontré a cuatro cuadras en un edificio abandonado frecuentado por los drogadictos del barrio. Entré allí sin temor a lo que me pudiera pasar. Había cuerpos tirados por todos lados. Daba vuelta a los cuerpos y miraba los rostros tratando de identificar el de Mario, y di vuelta a decenas antes de encontrarlo.

Sacarlo de allí no fue fácil. Dando tumbos, me pedía que le comprara dos piedras. No sabía de qué me hablaba, pero pregunté dónde podía comprar dos piedras y, por veinte dólares, me dieron una bolsita con cuatro piedrecitas. Mario tenía olor a orina y a vómito. Le pregunté, ¿qué fuerza tan poderosa tenía esa piedra? ¿Qué le hacía sentir? Lo sacudía, gritándole: "¡¿Qué sentís? Decime, ¿qué sentís?!". "Quince minutos de paraíso", me contestó.

Resolví ser yo la que controlara su consumo de droga, proveyéndosela para que no tuviera que salir a buscarla. De esa manera, pensé que podría comenzar a poner orden en su vida. No regresé a mi casa, pero sí a la tintorería para robarle el dinero que necesitaría a mi marido. Me convertí en una ladrona. Iba a mi casa con el pretexto de ver a mis hijos para sacar mis prendas. Terminé vendiendo hasta mi anillo de compromiso. Involucré a mis hijos en mis robos, diciéndoles que lo quería para comer y ellos, pobrecitos, lo hacían por mí, por su madre.

Pero lo más terrible era que ya yo no robaba sólo para él, sino para mí también. Probé el crack; la piedra del paraíso de Mario, pero para mí no lo fue. Vomité y sentí pánico. Duró sólo quince horribles minutos. Mi adicción era salvarlo a él.

Mario cada día estaba peor y nada lo motivaba, sólo consumir la droga. Como estaba tan débil, se desvaneció en mis brazos un día. Llamé una ambulancia y lo llevé para el hospital. Allí, después de dejar a Mario en manos de los médicos, caminé sin rumbo por más de dos horas, llorando sin parar. Me sentía débil, frustrada, yo, la heroína, estaba destruida, no había logrado nada con Mario, había perdido a Ernesto y sospechaba que esta vez iba a ser para siempre.

Con dolor en mi alma, me presenté en la tintorería. Cuando Ernesto me vio entrar, pude notar una mezcla de pena y desprecio en su mirada. Me hizo entrar a su oficina y me pidió que desapareciera de su vida, que no lo hiciera sufrir más, ni a él ni a sus hijos. Yo le imploraba, le gritaba que me perdonara, que yo no podía vivir sin él. Pero él me decía que yo no tenía vergüenza, que esta vez no me perdonaría, que me olvidara de él porque él no me iba a ayudar a salir de esto. Yo lloraba. No encontraba palabras para explicarle lo que estaba sintiendo, sólo lloraba. Salí de allí destrozada, pero con la firme resolución de no volver a ver nunca más a Mario.

Unos días después, por mediación de una amiga, pude hablar con Ernesto. Apenas me saludó cuando llegó y no se sentó. Nos quedamos de pie y allí mismo me dijo que quería el divorcio, que yo no tenía derecho a nada material ni a mis hijos. Me senté para no caerme. Nunca pensé oírle decir eso a Ernesto.

Dra. Polo, ¿qué me aconseja? ¿Qué debo hacer para no perder a mis hijos, y para que mi esposo, en caso de que el divorcio se lleve a cabo, me dé lo que me corresponde?

Sinceramente,

Gimena

Querida Gimena:

Qué lástima me da tu caso. ¿Sabes por qué? Porque tú entiendes y admites tus GRAVES ERRORES. Por eso voy a responderte, primero, la parte legal, la cual es relativamente simple de resolver, y te sugiero enfáticamente que consultes con un abogado de tu área que se especialice en casos de divorcio. Vives en California hace más de seis meses y tu matrimonio está irremediablemente roto de acuerdo a tu esposo. Estos son los requisitos para presentar el divorcio. La custodia de los hijos será compartida, a menos que la Corte decida que no es en el mejor interés de los hijos, y las propiedades se dividirán a la mitad de acuerdo a las leyes del estado de California, aaahhhh, sin olvidarse de lo que cueste presentar un divorcio con abogados, etc. El proceso puede ser costoso y largo si se presentan todos los hechos del caso ¡CON LA SINCERIDAD! con la que tú los has confesado en tu carta.

Ahora bien, te digo que si YO fuera el juez de tu caso, no te daría la custodia de tus hijos, a menos que Ernesto estuviera muerto, loco o preso, puesto que tú misma admites que has sido negligente con ellos y MALA MADRE. Los abandonaste para satisfacer lo que TÚ MISMA denominas como "desviación", "débil y descarada", "la fuerza de mis antojos", etc., pero, que al final, se manifiesta en contra del MEJOR INTERÉS de tus hijos, Ernestito y Alejandra. Si Ernesto fuese incapaz de tener la custodia de tus hijos, buscaría otra alternativa para tus hijos porque pienso que contigo ¡PELIGRAN! Con respecto a los bienes matrimoniales, te digo que haría una división desigual, para que Ernesto recibiera más, por todo lo que le ROBASTE a ÉL y a TUS HIJOS. (Tus hijos... porque me queda bien claro que Alejandra no es su hija biológica, aunque ¡SÍ LEGAL!, porque nació dentro del matrimonio). También te ordenaría a pagar una manutención por los niños, ya que tienes oficio: "LA REINA DE LA PLANCHA, NINFOMANÍACA". Por último, ordenaría que te sometieras a una evaluación psicológica profunda, para tratar, de alguna manera, de que te sometas a un tratamiento intensivo para adictos sexuales. Aunque no soy psicóloga, no hay que ser tan denso para darse cuenta "de qué pata cojeas", como decían mis ancestros. Tu COMPORTAMIENTO te ha causado graves consecuencias y TÚ no lo puedes corregir, sabiendo que haces daño a los que MÁS DEBES PROTEGER.

La adicción sexual, o comportamiento sexual compulsivo, no ha sido clasificada por la Asociación de Psiquiatras Americanos como un padecimiento oficial; sin embargo, muchos hospitales y clínicas, como la prestigiosa Clínica Mayo, reconocen los síntomas y proveen tratamiento. Inclusive, hay un sitio electrónico que tiene un formulario que te ayuda en el diagnóstico. La página es www.sex-help.com. De acuerdo a los expertos, en un 80% de los casos de adicción sexual se esconde un pasado de abuso sexual o trauma emocional. BUSCA AYUDA.

No creo que eres una mala persona, pero estás haciendo cosas muy malas. Ernesto es un hombre BUENÍSIMO, pero creo que ya lo perdiste. Más bien, trata de recuperar a tus hijos, pero VERDADERAMENTE, después que te cures. Creo que si hay un cambio en ti, Ernesto no sería capaz de alejarte de los niños.

Es tu decisión: CÚRATE o piérdete sola. Pero no sigas dándole a tus hijos ese ejemplo deplorable.

Atentamente,

Dra. Ana María Polo

Doctora Ana María Polo:

Tal vez esta carta no es el medio adecuado para pedirle ayuda. Realmente desconozco el proceso por el cual usted selecciona los casos que decide juzgar, pero le pido por favor que analice la situación en la que me encuentro porque estoy desesperado. Llevo meses pensando en escribirle y, ahora que me decido, he buscado la ayuda de un amigo íntimo que aceptó darme una mano en la redacción de esta carta, ya que no soy muy diestro a la hora de expresarme. También deseo pedirle que examine sin prejuicios el contenido de mi historia. Es una historia muy cargada de contenido sexual, a veces demasiado cruda y visceral, pero he visto su programa muchas veces y estoy seguro de que a estas alturas de su brillante carrera no hay nada que la sorprenda en este mundo.

Mi nombre es Arturo, tengo 54 años y soy un empresario venezolano radicado en Tampa, Florida, desde hace diez años. Llevo casi veinte casado con una hermosa mujer a la cual llamaré Marisol para efectos de esta carta, ya que no tengo interés en que su identidad se haga pública. Conocí a Marisol hace exactamente veintiún años. Por aquella fecha yo era un hombre casado de 33 años y ella trabajaba como empleada en mi negocio. Era una joven alta, trigueña, con un cuerpo tan perfecto y un pelo negro azabache tan lindo que todos los clientes que acudían a mi restaurante se alborotaban con su presencia. Al poco tiempo de ella comenzar, tuve que tomar la decisión de convertirla en mi asistente y encerrarla en mi oficina, pues hubo tres pleitos en el local por culpa de hombres enamorados que se la disputaban. Como era lógico, yo también caí víctima de su embrujo. Pasado un año me convertí en su amante y, a los pocos días de su cumpleaños número 19, tomé la decisión de divorciarme de mi esposa y casarme con Marisol.

Aquellos primeros años de matrimonio fueron fabulosos. A veces creo que fueron los mejores años de mi vida. Marisol era como un trofeo para mí. Los hombres la miraban al pasar. Mis amigos me envidiaban. Cada fin de semana nos íbamos juntos a la playa o al interior y pasábamos noches de amor que he visto solamente en películas. Ella era una mujer cariñosa, dulce, insaciable. De su cuerpo emanaba un aroma de hembra delicioso, un olor a juventud que hacía que me pasara el día con erección tras erección. Era como regresar a mi época de colegial. A mis años de adolescente. Hubo noches en que el sexo fue tan intenso que despertaba con un ardor en el pene que me duraba horas, hasta que empezábamos la fiesta otra vez. Yo me dediqué a estudiar las películas porno con el propósito de encontrar nuevas formas de tener sexo y Marisol se mantuvo siempre dispuesta a experimentar. Era el placer de estar vivo. De sentirse macho. Para mí no existe mayor satisfacción que conducir a una mujer hasta el delirio del orgasmo. Es lo máximo. A veces, en el delirio del momento, justo antes del clímax, yo besaba su sexo para recibir en mis labios el sabor de su orgasmo. Y créame, todavía hoy en día no existe sabor alguno que mi boca haya probado que supere ese placer.

Doctora Polo, estoy seguro que usted ha escuchado muchas veces aquel refrán que dice que nadie sabe lo que tiene hasta que lo pierde. En mi caso ese refrán se convirtió en cruda realidad hace cinco años, cuando me diagnosticaron cáncer de la próstata. Yo me considero un hombre valiente y con el apoyo de Marisol enfrenté la lucha con coraje y esperanza. Dispuesto a vencer esa nueva prueba que me imponía la vida y el destino, me sometí primero a una dolorosa operación y luego a un tratamiento médico que eliminó el peligro del cáncer pero terminó perjudicando mi potencial sexual. No tuve otra opción. Era la vida a cambio del sexo. Yo escogí vivir, aunque esa decisión trajo el peligro de perder a Marisol. Es preferible estar vivo e impotente que irse a la tumba con la erección más poderosa.

Al principio ella se mantuvo consecuente con las circunstancias. En varias ocasiones discutimos el problema y llegamos al acuerdo de buscar otras formas de complacerla sexualmente. Compré vibradores, los mejores penes artificiales del mercado adulto, aceites eróticos, en fin, todo lo necesario para que Marisol continuara disfrutando de sus orgasmos. Como yo no conseguía una erección, ella compraba películas porno para ver las v..... grandes y erguidas de los actores porno. Me confesó que eso la excitaba mucho. Y mientras yo la penetraba con un pene artificial, ella gritaba de placer y me pedía una de esas v..... durante los momentos de excitación. Me daba lástima verla sufrir, chupándome los dedos, desesperada por tener en sus labios una v.... de verdad.

Una noche, al fin me confesó que se moría por sentir el fuego de una v.... dentro de su vientre. Me dijo que no había nada que sustituyera esa sensación ardiente, ese placer de ser penetrada por un ser vivo, no esos juguetes artificiales. No tuve más remedio que tragarme el orgullo de hombre y contratar los servicios de un chico masajista, o hablando en concreto, un prostituto. Invitamos al chico a beber unos tragos en el club de un hotel y más tarde subimos los tres a la habitación. Marisol se mostraba muy nerviosa. Incluso me comentó la idea de cancelar la cita pues sentía vergüenza. Sin embargo, poco a poco los tragos de margarita fueron calmando sus nervios. El chico se llamaba Bruno. Tal vez era su nombre de oficio. No recuerdo. Era un chico bien apuesto, de rostro simpático, y la desnudó con ternura. Después la acostó boca abajo y comenzó a darle un masaje fenomenal. Como era de esperar, faltó poco para que su pene consiguiera una poderosa erección y Marisol se lanzó a chuparlo con unas ansias que me partieron el corazón, por la envidia y por el dolor de no ser yo el bendecido. Mi contribución esa noche fue hacerle sexo oral a mi esposa, placer que aún disfruto plenamente, como preparación para el coito.

Bueno, doctora Polo, para no hacer la historia muy larga, Marisol al fin obtuvo el placer que tanto añoraba y aunque a mí me entró un ataque de remordimientos al día siguiente, me hice el harakiri y acepté lo inevitable. Pasada una semana ella me pidió repetir la experiencia. Yo accedí de buena gana. Soy sincero y confieso que de alguna extraña manera, tal vez morbosa, también me deleité al ver a mi esposa siendo poseída por otro hombre. Contactamos al chico, pero cuando nos encontramos en la habitación del hotel, mi esposa le obsequió un regalo sin contar conmigo. Era un frasco de perfume bastante caro. Yo me hice el de la vista gorda y luego de regreso a casa le pedí explicaciones. Marisol me dijo que simplemente era un acto de bondad. El chico era buena gente, cariñoso y para él la prostitución no era una opción, sino la única avenida para salir de la pobreza. Yo no me quedé muy convencido. No me gustaba para nada esa muestra de cariño hacia otro hombre. De todas maneras

Querida Dra. Polo: Las cartas secretas de CASO CERRADO

tomé precauciones. Le exigí que la próxima cita fuera con otro hombre desconocido. Ella aceptó con agrado. Me sorprendió su actitud, pues pasaron las semanas y no me mencionó para nada la necesidad de buscar otro chico.

Entonces, una tarde, de casualidad sonó su teléfono celular mientras ella estaba en la ducha. Cuando respondí descubrí al instante la voz de Bruno del otro lado de la línea. Él me saludó como si nada y me dejó un recado para Marisol. Cuando le pedí explicaciones, ella me confesó que se encontraba con él a mis espaldas. Yo me puse furioso, le expliqué que no había necesidad de aquello. Marisol me dio miles de justificaciones pero yo me di cuenta de algo: se había enamorado de Bruno. La discusión duró casi toda la noche. Yo quería dejar bien claro mi posición y así lo hice de manera tajante. Si ella quería buscar placer sexual en otro hombre, tenía que ser únicamente con mi consentimiento y con mi presencia en el lugar. Marisol me dijo algunas cosas que me dolieron. Me tachó de cornudo, de debilucho, de que lo mejor era terminar con la farsa de una vez por todas. Yo me encerré en el cuarto. Pasada media hora ella entró con los ojos aguados y me pidió disculpas.

Después de aquella mala experiencia continuamos buscando hombres para complacerla. Ella los seleccionaba. A Marisol le gustan los chicos saludables, entre 20 y 30 años, que sean amables y cariñosos, pero que cuenten con el requisito indispensable de tener un miembro grande y potente; capaz de "hacer el trabajo". El próximo tipo me lo mostró una tarde que paseábamos por el parque. Era un latino joven que acostumbraba correr en las tardes por el lugar. Marisol me contó que era soltero, instructor de un gimnasio, y que se habían conocido en la calle. El joven se llamaba

Gustavo. Varias veces había intentado seducirla. Marisol le puso la condición de que su esposo debía estar presente y Gustavo se acobardó. Pero como a los tres días, él le dijo "de acuerdo".

Recuerdo aquella cita con tristeza. Marisol, como siempre, disfrutó un mundo la experiencia. Hasta le pidió a Gustavo que la penetrara por el ano, cosa que hasta ese día solamente había practicado conmigo. Y en el momento en que él tuvo su orgasmo, ella suplicó saborear el semen. Lo que pasó después fue muy triste, porque cuando el tipo se fue a Marisol le entró un ataque de llanto horrible. Me dijo que se sentía sucia, asquerosa y que no volvería a repetir aquello. Pero su arrepentimiento le duró poco, pues a los dos meses descubrí que había usado la tarjeta de crédito para hacerle un sinfín de regalos al Gustavo. Otra vez se justificó con lo mismo, que le daba lástima con el joven. Sin embargo, yo estoy seguro que el problema de Marisol es que tiene un corazón muy débil y no puede acostarse con un hombre sin luego enamorarse. Quise hacer la prueba otra vez, y otra vez más, y siempre pasaba lo mismo. Cada vez que buscamos un chico para que complazca a Marisol, ella termina enamorada del muchacho.

Aunque usted no lo crea, doctora, soporto con dolor que cualquier hombre disfrute del cuerpo de mi mujer porque sé que ella lo necesita. Pero lo que no puedo soportar es que otro hombre se apodere de su corazón. He tomado la decisión de detener esta locura. Le voy a prohibir a Marisol para siempre tener encuentros sexuales con otros hombres. Estoy seguro de que ella se va negar, como estoy seguro de que también me va pedir el divorcio. Ahora el gran problema es saber cómo defenderme a la hora de pedir lo

responde. Tengo varias propiedades y dos nego-
rentables. Marisol luchará por quitarme todo lo
pertenece porque cuando la guerra se declare sere-
nemigos a muerte. No puedo acusarla de adulterio
que yo consentí sus encuentros sexuales.

¿Qué hago entonces, doctora? ¿Basta con la justificación
de impotencia? Le suplico me ayude a encontrar un camino
para defenderme de lo que viene.

Muchas gracias,

El cómplice

Sexo por carambolas

Estimado Arturo:

Hubo una oración en lo que escribiste que te delató, y pude predecir lo que ibas a escribir, LA PENA QUE IBAS A CONTARME, y la típica consulta legal: "MARISOL ERA COMO UN TROFEO PARA MÍ". ¿Qué pensabas? ¿Qué la vida era un juego, un concurso o una cacería? Dices, "me daba lástima verla sufrir, chupándome los dedos", etc., etc.,etc., pero, ¿no te daba lástima tu condición de salud (cáncer de próstata) y tu DIGNIDAD de ser humano? ¿Es que no aprendiste nunca, con cincuenta y cuatro años de vida, que el coito no lo es todo en la vida de pareja? ¿Que en un beso se puede llegar al "orgasmo" más divino y profundo que la mente y el alma son capaces de sentir? Ahí está tu error: creíste poder parar el tiempo. No contaste con los imponderables de la vida. Tus riesgos no fueron ACERTADOS. Cuánto lo siento. Son lecciones duras y difíciles que requieren madurez y tiempo para procesarlas y para aprender a anticiparlas. Y esta en particular, es muy posible que te salga bien cara, y no hablo de dinero solamente.

Con respecto a tus inquietudes legales, te aconsejaría de la siguiente manera conforme a los datos que me provees en tu carta: en términos generales de división de bienes o distribución equitativa, como se le dice en la Florida, todo los bienes acumulados durante el matrimonio deben ser divididos a la mitad, con ciertas excepciones como herencias y bienes prematrimoniales que no hayan sido mezclados o unidos a los bienes comunes existentes creados durante el matrimonio. El otro tema de divorcio que te puede causar indigestión y hasta gastritis emocional es la famosa manutención de cónyuge. Me parece que desde el día en que dices que "tuve que tomar la decisión de convertirla en mi asistente", la hiciste dependiente de ti. No creo que haya estudiado nada, ni que tenga un oficio para poderse mantener al nivel de vida al que TÚ la acostumbraste, uno de los factores que se consideran para hacer esa determinación. Además, creo que es obvio que no "tuviste" que hacerla tu asistente. Tal como ella te dijo en una ocasión, eres un "cornudo y un debilucho" y con esas consecuencias tienes que lidiar. Tienes algunos factores que te benefician, como que tuviste cáncer y que le llevas quince años a Marisol (vaya factores, ¿eehh?) pero aún así te aconsejo que busques un buen abogado con años de experiencia en Tampa y que prepares bien el bolsillo porque te va a costar y bastante.

En fin, mi querido Arturo, los buenos ratos que pasaste con tu mujer nadie te los puede quitar, pero la tal Marisol no era un "trofeo" como tú pensabas, ¡más bien es TREMENDA P...! Espero te hayas dado cuenta que la vida y el amor no se tratan de "una v.... poderosa", ni mucho menos, sino de sentirse bien con las decisiones que uno toma.

Te deseo buena suerte,

Dra. Ana María Polo

El precio del deseo

Querida Dra. Polo:

Empiezo contándole que en mi casa todo el mundo ve su programa, desde los trabajadores de mi marido hasta mi abuela Fermina, a la que me he traído a vivir conmigo por razones que aquí le contaré. Ella no puede cocinar sin estar pegada al televisor a la hora que transmiten *Caso cerrado* y yo tampoco me lo pierdo por nada del mundo.

Me llamo Carla Restrepo, tengo 24 años y le escribo porque tengo un problema tan pero tan grande que no me deja dormir, ni comer, ni pensar y no tengo a nadie a quien pedirle ayuda que no esté ya metido en el problema.

Ahora vivo en las afueras de Bogotá, en Colombia, pero antes me crié en un barrio bien pobre, pero tan pobre, doctora, que en vez de lástima, daba asco. Era tan horrible vivir en ese sitio tan cochino que desde pequeña le hacía promesas a la Virgen para que me sacara de allí. De mis padres no tengo queja. Son gente humilde, trabajadora y bien religiosa. Lo que pasa es que de tanto trabajar, como que se les fueron las ganas de vivir. Pero lo que a ellos les faltaba, a mí me sobraba, que eran ganas de vivir bien como la gente decente. A ver, doctora Polo, ¿por qué una tiene que pasarse la vida sufriendo por no tener lo que tanta otra gente sí tiene? Si eso es ser ambiciosa, pues yo lo era y lo sigo siendo.

Cuando cumplí 13 años y mi cuerpo empezó a desarrollarse, enseguida me di de cuenta de lo babosos que se ponen los hombres ante una mujer bonita. Perdone la vulgaridad, pero fue como darme cuenta de que había nacido con la lotería entre las piernas. ¿Cómo le parece que una sin saber bien ni cómo ponerse el sostén y ya todos los hombres de mi barrio andaban como idiotas detrás mío? Todos, doctora: jóvenes, viejos, amigos de mi papá, casados, solteros, todos. Ésa es la realidad: mujer joven y ya los hombres no piensan sino en hacer lo que sea para acostarse con ella. Es algo que los transforma, los vuelve como animales y los pone a pensar con la otra cabeza, ¿sí me entiende? Por eso digo que fue como sacarme la lotería porque era obvio que lo que tenía que hacer era ponerme bien pilas y utilizar lo que Dios me dio para salir del hueco hediondo ese en el que nací. Le pido, doctora, que antes de juzgarme se detenga a pensar en lo que le digo aunque sea un minuto. Imagínese toda una vida... TODA, en un lugar asqueroso.

Fui juiciosa y supe escoger mi objetivo. Nada de dejarme babosear por ningún muerto de hambre sin plata y mucho menos por un nene de mi edad. Mi fin fue desde el principio llamar la atención de un *man* con plata que me llevara para su casa y me tratara como a una princesa. Si después de disfrutar un poco la vida, él quería hijos, pues yo feliz. A ver doctora, ¿qué hay de malo en eso? ¿No cuesta lo mismo enamorarse de un muerto de hambre que de un hombre con la cabeza en su sitio para hacer dinero?

El problema viene por una cuestión geográfica, porque el asunto es que por allí por mi barrio los únicos hombres con el nivel que yo estaba buscando eran narcotraficantes. No hablo de sicarios de cuatro pesos ni de vendedores de esquina. Me refiero a los que traqueteaban gordo, parceros con mando, jefazos con carros último modelo y con mucha plata para gastar cada vez que salían de rumba.

Cuando tenía 16 años, me las ingenié para conocer a uno de estos hombres. (Como no sé qué personas van a leer esta carta, pues voy a llamarlo "Kike" por razones que me imagino le quedan claras). Una amiga y yo nos colamos en una fiesta que resultó ser en una de las casas de Kike, y esa noche él me puso el ojo desde que llegué y ya no me lo quitó de encima ni un minuto. No sé si fue porque alguno de sus amigotes le dijo que yo era virgen, algo que yo no escondía porque me sentía bien orgullosa de no ser como mis amigas. De ser material limpio, acabadito de empacar y sin millas.

Esa noche, Kike me invitó a tomar champaña en su cuarto privado y hasta me ofreció coca, que yo no acepté porque creo que en los momentos importantes de la vida una tiene que tener la mente clara y despejada. Me dejé besar, pero advirtiéndole que yo no me regalaba así como así, y él me dijo que yo era la cosa más hermosa que jamás había visto en su vida. Se arrodilló ante mí y hasta me juró que si yo aceptaba quedarme a vivir con él y ser su mujer, me trataría como a una reina. Imagínese, doctora, todas mis amigas regalándosele a cuenta de que no tenía mujer fija y él me había escogido a mí para que fuera la dueña y señora de su casa. Pues nada, le dije que aceptaba y le puse mis condiciones, pero Kike no me escuchaba ya. En ese momento empezó a desnudarme y besarme desde la punta de los pies hasta que empezó a comerme la c... con tanto desespero que hubo un momento que me asusté un poco. Estuvo mucho rato acariciándome y hasta se puso coca en la v...., yo no sabía para qué. Él me dijo que era para que no me doliera cuando me hiciera el amor, mientras la pasaba entre mis piernas como si fuera una brocha. Yo había escuchado cuentos terribles de mis amigas de la noche en que perdieron su virginidad, y estaba nerviosa, pero Kike, después de hacerme el amor muy suave y cariñoso, me levantó en brazos de la cama y me llevó cargada hasta la regadera. Allí se ocupó de lavármela con mucho cuidado hasta que no quedó ni una gota de sangre en mis muslos y mi entrepierna. Yo no sé las demás mujeres cómo piensan, pero yo en ese momento me sentí una reina de verdad.

Fue así, doctora, como me fui a vivir con Kike a otro pueblo. Él se estaba volviendo muy poderoso y vivimos en una mansión, rodeados de guardaespaldas y casi que no pude salir a disfrutar, pero no me faltó nunca nada y Kike me tenía bien consentida.

Pasaron los años y llegó a la casa como guardaespaldas un culicagao de mi barrio, que yo conocía desde pequeña, llamado Diego. Ahí me enteré de que su papá era empleado de Kike, que le había trabajado fielmente durante años y que por ese motivo Kike lo escogió como mi cuidador personal.

Poco a poco, me fui encariñando con Diego. No sólo porque siempre me trataba con mucha amabilidad y respeto, sino porque aliviaba mi soledad en aquella casona tan grande y, para colmo, me vigilaba día y noche cada vez que Kike se iba de viaje, que ahora era casi todo el tiempo. Veíamos películas juntos, comía conmigo, me acompañaba a pasear por el jardín, me llevaba de compras e, inclusive, hubo algunas noches en que me dio miedo y le pedí que durmiera en un butacón junto a mi cama y lo hizo sin faltarme el respeto.

Pero como decían en una telenovela que daban acá, doctora, el diablo es puerco y el mismo aburrimiento hizo que me empezara a fijar en Diego. Al principio era como un juego hacer que se pusiera rojo cuando abría la puerta "tapándome" con alguna bata casi transparente, o cuando me ponía pantis demasiado pequeños y luego me hacía la distraída viendo televisión y medio abría las piernas para verlo sufrir tratando de no mirar, sin lograrlo. Pero mientras menos caso él me hacía, más yo me empeñaba. ¿Y si me había puesto vieja sin darme cuenta, pasando tanto tiempo encerrada en la casona esa? Además, las ausencias de Kike comenzaron a hacerse más y más largas y ya yo no sabía si estaba trabajando en algo grande o si lo grande era el cacho que me estaba poniendo a saber mi Dios con qué m........ desgraciada. El caso es que entre una cosa y otra, un día me agarré pensando en Diego para masturbarme y ahí fue que me di cuenta de que se había derramado la palangana. Y es que yo me conozco, doctora, y cuando me da con algo... Diego es un tipo muy buen mozo, es grande, tiene el pelo negro como de caballo y unos ojos verdes oscuros que a veces se vuelven pardos y aunque no hace mucho ejercicio se mantiene en "forma". Pero lo que más me atrajo de él, y el motivo de mi desgracia, es la inmensa v.... que posee. Es cierto que antes de él sólo me acosté con Kike y no puedo comparar tamaño. Sin embargo, desde la primera vez que me penetró con su pene sentí un temblor en mi barriga, no sé bien cómo explicarlo, como si me llenaran entera, y una ola de placer me recorrió todo el cuerpo. Yo no soy escritora y no puedo transmitirle todo lo que sentí pero lo cierto es que desde esa primera noche me volví como adicta a esa v...., y cuando mi esposo Kike regresaba de sus viajes y me hacía el amor me sentía insatisfecha, algo así como vacía.

Así estuvimos como un año. Yo lo perseguía a cualquier hora del día y a la mínima oportunidad le abría la bragueta del pantalón para meterme en la boca lo que más deseaba en la vida. A veces no soportaba tanto escozor entre las piernas y lo asaltaba en un rincón y allí mismo me enganchaba encima de él y hacíamos el amor en cualquier posición y a la hora menos pensada.

Kike nunca sospechó nada. Nunca estaba en la casa y nosotros éramos bien discretos para que ninguno de los que trabajaba en la casa le fuera a contar cosas. Ya era suficiente con las sospechas que tenía por yo no querer acostarme con él. Yo me quejaba con Diego de lo mal que me caía tener que dejar que Kike me tocara, un poco para darle celos y un poco para ver qué me decía. Como niño de apenas diecinueve años que es, se hace el valiente y me asegura que si yo se lo pidiera, él se escaparía conmigo a cualquier lugar. Pero, imagínese doctora, escaparme con Diego sería lo mismo que regresar a la porquería y a la pobreza de la que me escapé con mucho trabajo.

Yo en mi egoísmo empecé a rezar que una bala me liberara de Kike o que se lo llevaran los agentes de la DEA que tanto salían en las noticias capturando narcos por toda Colombia. Y yo no sé si fue de tanto rezar que un día se apareció la gente del ejército y nos dijo que Kike estaba preso y que lo iban a extraditar a Estados Unidos. A mí me dejaron en esta casa, ahora por supuesto sin guardaespaldas ni trabajadores, porque Kike no puede pagarles, y quedamos Diego y yo solos. Doctora, fueron los dos meses más felices de mi vida. Sola, con un poco de dinero que había guardado de la mesada que me daba Kike y con un macho delicioso que vive para adorarme. El sueño de mi vida.

Hasta que quedé embarazada y tuve que traerme a mi abuelita Fermina a vivir conmigo para que me ayudara un poco con los malestares tan berracos que me dan. ¿Cómo le parece tanto nadar para morir en la orilla?

Llevo varios meses así. Contestando las cartas que Kike manda desde Estados Unidos mientras espero un hijo de Diego. El problema tan grande surgió cuando me dijeron que

Kike está por salir en libertad por un nuevo plan o negocio, no sé bien cómo es el asunto allá en Miami, y entonces él quiere que me vaya a vivir con él. Yo no quiero, doctora, y de cierto modo me siento muy avergonzada y culpable, pero tengo dos temores que no me dejan ni dormir. En primer lugar es el bebé, porque Kike sabe que estoy embarazada y yo le juré que el hijo es suyo, pues casualmente antes que él cayera preso, tuvimos sexo. Pero, ¿y si se entera de alguna manera? ¿Me puedo divorciar de Kike estando embarazada? No estoy segura, pero creo que aquí en Colombia, si me divorcio por infidelidad pierdo todos mis derechos, la casa, la manutención. Yo sé que usted ejerce en los Estados Unidos pero necesito su consejo. Miedo a morir no tengo. No creo que Kike sea capaz de hacerme daño a mí. Él me ama demasiado, aunque mi abuela Fermina diga lo contrario y se pase rezando del miedo. Yo sólo quiero vivir el resto de mi vida con Diego pero ni loca regreso a la pobreza. Prefiero morirme que volver a ser pobre. La otra cosa que me aterra es que Kike me mande a sacarme la barriga si le confieso que no es de él. ¿Qué hago doctora? Ayúdeme.

Gracias por leer esta carta,

Carla Restrepo

Estimada Carla:

Como verás, no he utilizado tu verdadero nombre, porque tú puedes estar loca, pero yo no puedo permitírmelo. Cuando leí tu carta, sentí un terrible espanto, un miedo inmenso y luego depresión. Dices que "no tienes miedo a morir" y que "prefieres la muerte a la pobreza". Dime, ¿qué diferencia hay entre tú y esos guerreros suicidas que se amarran bombas para hacerle daño a personas inocentes?; ¿o esos sicarios de "cuatro pesos o los que venden en la esquina"? ¡NINGUNA! De hecho, no tienes ni un pelo de juiciosa, más bien eres una prostituta y ¡¡¡¡¡tu vida peligra!!!!!

¿Qué clase de lógica usas? No la comprendo. Prefieres morir que ser pobre, dices, PERO SIN VIDA NO HAY NADA de lo que tú quieres. TÚ NO QUIERES SER POBRE pero a lo fácil, sin esforzarte nada más que para p..... ¿Y por qué no estudiaste una profesión o carrera que te ayudara a ganar dinero honestamente, sin poner vidas en peligro? Dices que a tus padres les falta lo que a ti te sobra. Qué INGENUA eres. Te explico con claridad. Para que no te quede duda, la gente decente vive bien porque es decente, no como piensas tú, que son decentes porque viven bien. ¿Qué clase de madre serás? Me quedo pensando atemorizada por esa chispa de vida que llevas en tus entrañas concebida del engaño, la traición y la vagancia de una madre que vendió su virginidad a un narcotraficante que, cuando se entere que está embarazada de su guardaespaldas, posiblemente la quiera matar a ella y a su amante. Tú piensas que Kike no te hará daño porque te ama. NO SEAS TONTA, para Kike no eres más que una de sus propiedades y NO TE AMA. Hombres como esos no saben lo que es amar. Ni tú tampoco. ¡QUÉ TRISTE!

Ahora, al grano. Me preguntas si te puedes divorciar de Kike estando embarazada, aunque nunca me informaste que te habías casado. Quizás te refieras al matrimonio de hecho o unión libre, que es reconocido en Colombia y que generalmente otorga a cónyuges que hayan convivido por al menos un año los mismos derechos y privilegios de un matrimonio legal.

Si ése es tu caso, no tienes nada que perder, pues las cortes colombianas entienden que no hay derecho a exigir fidelidad fuera de un matrimonio de derecho. Claro que es difícil decirte si tendrías algo que ganar, pues las leyes que regulan los matrimonios de hecho están sujetos a modificación y discusión y no es imposible saber qué cambios habrá sufrido ese ley al momento de leer estas líneas. Si ésta es tu preocupación principal, consulta a un abogado de familia en Colombia, para que tengas la información más actualizada posible.

Ahora bien, si yo fuera tú, estaría pensando en cómo escapar de ese NARCO sin importarme lo que las cortes de Colombia digan al respecto sobre un divorcio por infidelidad y tus supuestos derechos.

De todas maneras, te confirmo que dentro del "matrimonio de derecho", si se prueba la infidelidad dentro del año siguiente a la ocurrencia de la misma, el cónyuge infiel, o sea TÚ, pierde el derecho a los alimentos. En otras palabras, a que se te mantenga. Pero no pierde el derecho a la custodia de sus hijos, ni a la manutención del niño, ni a los bienes gananciales habidos dentro del matrimonio, si los hubiera. Estoy segura de que no tienes la menor idea de cuántas propiedades y bienes tiene Kike y si están o no a nombre de él porque es costumbre de los narcotraficantes tener un testaferro para evitar perder sus propiedades en caso de un arresto penal.

En fin, Carla, tu plan falló completamente. Terminaste enamorándote del "pobretón" de tu barrio y todo por la gran "...." del man. ¡Qué miseria!

Es obvio que no viste la novela de tu compatriota Gustavo Bolívar Moreno, *Sin tetas no hay paraíso*. Lo que llega fácil, se va fácil. Tienes que pensar y reevaluar tu vida para que puedas decidir QUÉ ES LO QUE REALMENTE QUIERES. Pero en mi humilde opinión, lo que te conviene es escapar de ese mundo oscuro y que casi siempre termina MAL. Si sigues en esa vida, no llegas a los 28 años. POR FAVOR, despierta de esa fantasía que terminará por acabar con lo más preciado que tenemos: ¡¡¡¡¡LA VIDA!!!!!

Con mucho cariño,

Dra. Ana María Polo

43

Distinguida y admirada doctora Ana María Polo:

Primeramente, quiero transmitirle la gran admiración que siento por usted y por su fabuloso programa, el cual disfruto amenamente todas las tardes con mi novia después de la siestecita. Me llamo Joaquín Vargas Peña, nacido en Santo Domingo el 11 de marzo del 1931 bajo el signo de Piscis, o sea, que por estas fechas estoy cumpliendo alegremente mis 79 años de vida. Aunque llevo la República Dominicana en mi sangre, también me siento orgulloso de ser ciudadano de los Estados Unidos desde hace diez años. En la actualidad estoy retirado, de modo que tengo mucho tiempo libre para disfrutar y aprovecho este momento para escribirle estas letras, ya que tengo un gran problema y me gustaría saber su opinión antes de proceder legalmente.

Doctora Polo, después de estar casado durante más de 40 años con mi esposa Esthercita, ella falleció hace un año, dejándome en una gran depresión y con una tristeza tan grande que le juro me sentí perdido y sin rumbo en la vida. De mi matrimonio con ella tengo dos hijos. Arturo, el más grande, quedó al frente del negocio de limpieza que fundé y expandí con el sudor de mi frente durante más de 30 años. Es un muchacho excelente y en la actualidad tiene más de 200 empleados dedicados a la limpieza y mantenimiento de varias villas y hoteles en el sur de la Florida. Miriam, mi hija menor, es doctora especialista en ginecología y ejerce con gran éxito en Nueva York.

Cuando mi esposa falleció, mis hijos me recomendaron tomarme unas vacaciones en mi país natal; específicamente en Punta Cana, una zona hotelera de playas hermosas y una vegetación sin igual en el mundo entero. Yo me negué rotundamente a la idea, pero tanto insistieron (por no llamarlo de otra manera) que cuando me pagaron el pasaje con estadía en un hotel cinco estrellas por quince días, no tuve más remedio que ir. Y cada día cuando me levanto le doy gracias a Dios por haber tomado esa decisión, porque con ese viaje llegó a mi vida la razón de esta carta y el néctar de mi felicidad.

Ella se llama Arlenis y es una hermosura morena de tan sólo 19 años. Usted pensará que estoy loco, que perdí la cabeza, o que soy un viejo chocho pervertido. La entiendo perfectamente. Pero ya que yo me tomo el tiempo de escucharla a usted todos los días durante una hora, y a veces dos, me parece que lo menos que podría hacer es tratar de comprenderme a mí durante los cinco minutos que le tomará leer esta carta. Le agradezco de antemano la gentileza.

Durante todos los años de matrimonio con Esther, nunca, ni una sola vez, le fui infiel ni siquiera en las numerosas ocasiones en las que las empleadas de mi empresa se me ofrecieron a cambio de mejor sueldo. Fui un padre ejemplar y un esposo bueno y cariñoso y nunca en mi vida me fui de juerga ni tampoco me gasté los pesos en algo diferente a mi hogar o al beneficio de mi empresa. Ahora, cuando me parecía que el final de la vida se aproximaba, llego a Punta Cana y conozco a esta bella camarera que me ordenaba y limpiaba con esmero la habitación de mi hotel.

Una mañana, recién salí de la ducha, Arlenis estaba pasando el "váquium" [aspiradora], como le dicen al aparato, por la alfombra de la habitación. Yo me senté a hojear el periódico y me pasó lo que no me pasaba desde hacía muchísimos años. Contemplando las piernas y los hermosos pechos de Arlenis tuve una erección grandísima y sentí unos deseos de estar con una mujer como no había sentido desde mi adolescencia, y a Esther que me perdone.

Me dio vergüenza y traté de escapar con disimulo de la habitación, pero Arlenis se dio cuenta y con una sonrisa en sus labios me dijo que no me preocupara, que ella se sentía feliz de haberme excitado. Cuando fue a darme un beso en la mejilla como despedida, no pude aguantarme y mis manos se colgaron de su cintura y enterré mi cabeza en su pecho con un nerviosismo que usted dirá, "Pero, ¿y qué es?".

Ella se dejó acariciar los senos y acto seguido me bajó la cabeza hasta sus muslos. Así de rodillas le hice usted sabe, allá abajo, durante un tiempo que para mí fue infinito. Me sentía revitalizado; vivo por primera vez. La auyamita de esa muchachita arañando mis labios y maltratando mi lengua me recordó otra vez el placer de vivir. Le pido disculpas por ser tan explícito, doctora, pero es la pura verdad. Era como el manantial de la juventud. El maná del cielo. Después Arlenis se subió encima de mí y, bueno, en menos de un minuto, pues ya usted sabe. Imagínese, es que hacía muchísimos años que no tenía relaciones con otra mujer.

Después de aquella tarde nuestros encuentros sexuales continuaron. No voy a mentir y a decirle que soy un tiguerazo ni nada por el estilo. Después de un orgasmo tengo que esperar uno o dos días para lograr otra vez "hacer el trabajo", pero Arlenis me llevó a comprar unos juguetes eróticos que son una maravilla, y lo que falta, porque todavía no he experimentado con la Viagra, esperando la decisión de mi médico personal, quien mandó a hacerme un chequeo general para decirme si puedo o no usarla.

Podrá imaginar, doctora Polo, que cuando llegó el término de mi estancia allá, yo no quería regresar. Pagué 15 días más de estancia en el hotel para estar con Arlenis. Fui a conocer a su familia y a hablar principalmente con su padre, pues mi intención con ella es bien seria aunque a todo el mundo le parezca una locura senil. Al principio ellos me trataron muy fríos, pero cuando les dije que estaba dispuesto a casarme con Arlenis y a llevármela para Estados Unidos, aceptaron mi relación con ella.

Mis hijos se encantaron con la noticia del aplazamiento de mi regreso porque no les dije los verdaderos motivos de mi decisión. Arlenis pidió vacaciones para estar conmigo. Y así, durante el día íbamos a la playa. En las tardes, después de almuerzo, regresábamos a la habitación. Después de ducharnos juntos íbamos para la cama desnudos y pasábamos las tardes disfrutando del sexo que se pudiera hacer. Ella me enseñó muchas posiciones que jamás imaginé y tantas formas de gozar que yo nunca pensé podría disfrutar. Principalmente los masajes. Arlenis es una diosa con las manos. He llegado a pensar que sus manos tienen poderes curativos porque me siento como si me hubiesen quitado veinte años de encima. Volví a la vida, doctora. ¿Puede entender eso?

Pero ahora el gran problema son mis hijos. Cuando Arturo y Miriam se enteraron de mi relación se quedaron como en *shock*. Arturo dice que estoy senil, loco de remate y que quién sabe en qué vaina peligrosa me estoy metiendo por andar dizque de Don Juan. Habla de Arlenis muy ofensivamente, la trata de azarosa, de prieta asquerosa y otras palabrotas que no repito aquí por respeto a usted. Miriam dice

Querida Dra. Polo: Las cartas secretas de **CASO CERRADO**

que es una sucia rastrera que me comió el cerebro y que después de traerla a vivir conmigo me va [a] dar dos patadas para meter a un negro en la casa y que voy a terminar comiéndome mi propio excremento por darle la espalda a mis hijos. Óigame, ¿usted sabe lo que es pagarle la educación a una hija para que se haga doctora y después tener que escucharla diciendo esas vulgaridades? He tenido dos discusiones bien fuertes con ellos, pero estoy decidido: no voy a permitir que me echen a perder los pocos años de vida que me quedan. Ellos tienen sus vidas. ¿Qué tengo yo, dígame?

Pero ahora me están amenazando con llevarme a corte si me caso con Arlenis, y yo estoy dispuesto a dejarles toda mi herencia en vida con tal de que me dejen en paz. Con mi retiro, una casa paga y algún que otro dinerito me alcanza y me sobra para vivir feliz con mi morena.

¿Usted, qué me aconseja, doctora Polo? ¿Le parece una locura al igual que a todo el mundo? Legalmente, ¿pueden mis hijos dejarme en la calle, como quien dice, si me caso con Arlenis? Y, si me caso con ella, ¿qué recurso legal puedo usar como protección? ¿Me puede recomendar un abogado en la República Dominicana que sea honesto y no me quiera robar? Bueno, ya no la molesto más. Gracias por su atención y que Dios la bendiga mucho siempre. Espero no haberla ofendido.

Atentamente,

Un viudo que sólo quiere que lo dejen vivir

Estimado Joaquín:

Comienzo por decirte que he contestado tu carta, no por el *quid pro quo* (del latín: algo a cambio de algo) que me impones (el que usted me escuche una o dos horas diarias, cinco días a la semana), sino por que tiene mérito. Como dice el refrán, a quien Dios se lo dio, San Pedro se lo bendiga; siempre y cuando un juez te declare competente en caso de que tus hijos te demanden. En mi opinión, no cabe duda de que lo que te está pasando es una bendición para un hombre en tus circunstancias. Ya ves, te "comprendo yo a ti" perfectamente. Además, tu caso me recuerda un anuncio que vi en una revista y que me hizo reír a carcajadas. En el anuncio, se veía a un viejito casándose con una mujerona que podía ser su biznieta, diciendo radiante de alegría: "Dicen que se casó conmigo por mi dinero. Pregúntenme si me importa".

Eso sí, Joaquín: espero que estés realmente consciente de que hay sesenta años de diferencia entre Arlenis y tú. Esta diferencia es muy grande y hay quienes la caracterizarán de morbosa. Claro que el nivel de morbo, mientras que esté dentro de lo "legal", puede interpretarse según quiera cada cual. En tu caso, algunos te criticarán duramente por los sesenta años que le llevas a Arlenis, mientras que otros dirían como tú: que es "el manantial de la juventud" y que se trata del "maná del cielo". Por mi parte, yo lo que veo es a un hombre en su tercera edad que aún conserva las ganas y la capacidad para vivir, ser feliz y sentirse satisfecho. ¿Qué mas se le puede pedir a Dios, cuando te recompensa con tanta maravilla? Pues te diré.

Debes comprender que Arlenis es una mujer de diecinueve años que también debe tener sus deseos y ambiciones y que sus gustos, y su nivel de energía, no siempre serán los mismos que los tuyos. Si te vas a embarcar en esta aventura, pon tus cosas en orden y ubícate. Pregúntale a tu novia qué quiere y espera, EN SERIO, de su relación contigo. Antes del matrimonio, se puede preparar un acuerdo prenupcial en el que se estipule lo que Arlenis recibiría en caso de un divorcio. Algunas veces se estipula que la otra parte no reciba NADA. Eso depende de ustedes. Estos documentos llevan sus formalidades legales y te sugiero que ella tenga su propio abogado, el cual tú puedes pagar, para que la represente durante la negociación y la firma del documento. Así, ambos podrán estar seguros de que el acuerdo cumple con todos los requisitos legales.

Con respecto a tu herencia, tú propones una buena solución a tu dilema. Puedes dejarles a tus hijos la herencia a través de un fideicomiso, pero debes consultar a un abogado que se especialice en este tipo de ley.

Te diré también, Joaquín, que tu caso presenta el clásico dilema de los hijos que SE CREEN merecer el sudor y trabajo de sus padres y que quieren controlar, en vida de su padre, LO QUE NO LES PERTENECE. En otras palabras, en mi opinión, los padres no están obligados ni legal, ni moralmente, a dejarles NI UN CENTAVO en herencia a sus hijos y, de hecho, bien pudieras hacer un testamento desheredándolos, o dejándoles un dólar. Así, los buitres de tus hijos no intervendrían más en tu vida, en lo que te quede de ella, permitiéndote vivir como te dé la real gana.

Ahora bien, creo que sería conveniente que te hicieras un examen médico y psicológico para determinar si estás realmente competente de acuerdo a los requisitos legales, y es importante que los médicos que te examinen estén capacitados para testificar en corte, si es necesario.

A mí, tu carta me suena como la de un ser capacitado y competente para manejar su vida, incluyendo sus finanzas y las consecuencias de sus sentimientos y deseos.

Te deseo muy buena suerte,

Dra. Ana María Polo

51

Doctora Ana María Polo:

Tal vez usted piense que le he escrito esta carta a la persona equivocada, pero le suplico por favor que trate de leerla completa para que entienda las razones que me llevaron a enviársela.

Mi nombre es Aquiles, tengo 35 años y soy peruano, nacido y criado en San Isidro. Desde que tengo memoria lo más importante para mí siempre fueron las mujeres. Primero mi madre y mi abuela, que me criaron, y dos primas con las que pasé la mayor parte de mi infancia. A una de esas primas, de nombre Consuelo, le gustaba dormir conmigo y cuando crecimos un poco, durante las madrugadas, comenzamos a tocarnos las partes y así fue mi primera experiencia sexual con una mujer. Creo que solamente tenía como 13 años cuando vi las primeras fotos porno de mi vida. Recuerdo que eran fotos de unas japonesas desnudas que trajo un amigo al colegio. Me gustaron tanto que se las cambié por una camiseta del club Alianza Lima.

Aquellas fotos vivían bajo mi almohada y todas las noches, religiosamente, me masturbaba mirándolas. Yo creo que todas las japonesas recibieron por igual, porque todos los días le dedicaba la tarea a una distinta. Entre las fotos y mi prima, se desarrolló mi vida sexual hasta que cumplí los 18 años, edad en la que ya podía salir libremente de casa y en la que las chicas empezaban a fijarse más en mí. Me olvidé de las fotos porno y de mi prima Consuelo y empecé a visitar fiestas para levantar hembritas. Yo era alto, bien parecido y las hembras se me pegaban como moscas, pero tenía un problema que en aquel entonces yo no entendía: tan pronto me acostaba con una chola, me dejaba de gustar. No bien terminábamos y yo ya estaba pensando en buscarme otra. Si la memoria no me falla, en un fin de semana con suerte, me acostaba con tres o cuatro. Una vez, estaba tan desesperado que me tropecé con una prostituta barata en la calle y la llevé a un parque. Después que me la chupó un rato descubrí que era transexual, pero así y todo le di por "la trastienda" para que no se quisiera hacer la viva parándomela y después yéndose tan campante.

Desde que me levantaba hasta que me acostaba estaba fantaseando con mujeres en las posiciones sexuales más locas. En la universidad, muchas veces no podía concentrarme en la clase por estar fantaseando con la profesora o con alguna alumna. Y es que no importa dónde o con quién estaba, lo único que pensaba era en sexo. No podía ver a una mujer sin imaginarla desnuda o chupándomela.

Cuando tenía 24 años decidí casarme, pensando que el matrimonio iba a tranquilizar mi apetito sexual. Libia, mi mujer, me complacía en la cama y practicábamos todo tipo de sexo, pero siempre me quedaba con ganas y algunas veces me iba a la calle a buscar otras mujeres. No voy a mentirle a usted, doctora... Le fui infiel en muchas ocasiones, sobre todo durante el embarazo y la crianza de mi primer hijo.

Por aquella época conocí a mi segunda mujer, mi actual esposa, que se llama Leticia. Ella era bailarina erótica y después de pagar varios bailes privados en su trabajo, la cité al cine una noche. No me acuerdo ni qué película fue porque nos pasamos el tiempo besándonos y masturbándonos mutuamente. Leticia se alborotó tanto que nos sacaron del cine por las quejas de la gente.

Leticia era de más mente abierta que Libia. Todo lo que le pedía en la cama lo hacía. No importaba qué locura yo imaginara. Varias veces me cumplió la fantasía de hacer un trío en la cama y de disfrutar ver a otra mujer penetrándola con un consolador. A cualquier hora del día yo le bajaba las *panties* y ella se dejaba hacer, la muy p.... No me podía quejar, doctora, pero aún así, cansado de probar de todo, una noche le pedí un trío con un transexual y hasta con eso me complació. El problema es que a pesar de todo eso, cuando se me presentaba una oportunidad con otra mujer, yo no la dejaba pasar. No importaba si era negra, chola, china, vieja o joven. Lo único que me importaba era que tuviera un hueco y un buen par de tetas. Mi esposa Leticia me decía que yo era un enfermo sexual, que esa voracidad sexual, como ella lo llamaba, era anormal, que yo debía ir a un médico y contarle mi problema. Me fregó tanto con eso que al fin un día fui a un especialista.

La especialista es la doctora Gladys Lucione, una psicóloga de 43 años, especialista en traumas sexuales. Entre las terapias que Gladys brinda, ella se ofrece como subrogada sexual, es decir, como modelo para llevar a la práctica los ejercicios sexuales que recomienda, no importa lo atrevido o fuerte que sean. No quiero entrar mucho en detalles sobre la práctica de la doctora Lucione. Sólo voy a decirle que desde que comencé la terapia con Gladys mis impulsos sexuales han ido bajando de intensidad. También los pensamientos eróticos que me atacaban a cualquier horario. Yo creo que el secreto conmigo está en que la doctora, antes de cada sesión y mientras tenemos sexo, me habla constantemente. Se comunica conmigo mucho. Es algo que no encontré en otra mujer. A lo mejor yo soy un tonto y ése no es el secreto. Tampoco me importa. Sólo importa que vivo más tranquilo. Hasta mi esposa Leticia parecía bastante contenta. Me imagino que se sentía aliviada de no tener que bajarse el calzón cinco veces al día y abrir las piernas sin importar si estaba cocinando, lavando los platos o viendo la novela.

Doctora Polo, mi esposa Leticia siempre estuvo de acuerdo en que yo pagara las terapias. Son caras de verdad y yo me sacrifico y dejo de gastar en otras cosas para poder costearme las visitas a la doctora Gladys. El problema empezó hace un mes. Leticia dejó de bailar cuando se casó conmigo y consiguió empleo de teleoperadora de los bomberos. Pero ahora se quedó sin trabajo y anda buscando. Pero como ella no tiene título ni nada, le es muy difícil conseguirse un puesto. Yo trabajo como jefe de almacén de una empresa industrial. Como sueldo no gano una fortuna, pero al menos me alcanza para cubrir los gastos y cubrirme las terapias de sexo. Ahora mi esposa quiere que deje de acudir a las terapias. Ella dice que lo mismo que hace la doctora lo puede hacer ella, que ahora que está sin trabajo puede dedicarse por entero a mi adicción sexual. Yo le explico una y otra vez que la doctora Gladys es una profesional, estudiada, que sabe lo que hace. Leticia en cambio dice que Gladys no es más que una p... vestida de blanco con más adicción al sexo que yo y que por eso abrió la clínica de terapia.

La otra noche, cuando llegué del trabajo, me encontré a mi esposa con una bata blanca de doctora y unos lentes. Me tiró al suelo, me bajó los pantalones y casi me viola. Yo le dije que lo de las terapias no es una fantasía sexual. Ya no sé

Querida Dra. Polo: Las cartas secretas de CASO CERRADO

cómo explicarle. Está furiosa conmigo y anoche me dio un ultimátum: o dejo las terapias sexuales con la doctora Gladys, o ella se divorcia de mí. Dice que no es justo que ella pase penas para que yo pueda agarrarme a otra. Ya se le olvidó que fue ella misma la que sugirió la terapia.

Doctora, yo quiero a mi mujer pero, ¿qué culpa tengo yo de que la c..... no pueda conseguir trabajo?

Necesito un consejo urgente, doctora Polo. Gracias a las terapias sexuales me siento en paz por primera vez en la vida. Puedo pensar y concentrarme en mi empleo sin tener la imagen de una mujer desnuda en mi cabeza. Puedo pasear por la calle sin estar mirándole el c... a cuanta mujer se me cruza en el camino. Puedo tener sexo con mi esposa sin preocuparme de que una vez acabe me voy a escapar a la calle en busca de una prostituta. En fin, mi vida cambió tanto desde que conocí a la doctora Gladys que creo que estoy dispuesto a romper mi matrimonio con tal de no abandonar la terapia.

¿Tiene poder mi esposa para prohibirme las terapias? Como Leticia me amenaza con delatar a la doctora por prostitución, le pregunto: ¿Una subrogada sexual es lo mismo que una prostituta? ¿Lo que está haciendo la doctora Gladys es ilegal?

También me gustaría saber su consejo sobre todo este rollo. Yo la admiro muchísimo y mi esposa es fanática de su programa. Estoy seguro de que una respuesta suya va a ser tomada como ley por mi esposa.

Gracias por todo y un cordial saludo desde el Perú.

Un paciente desesperado

Estimado Aquiles:

El título de tu carta me hizo dudar de mi capacidad de responderte, puesto que no soy terapeuta ni psicóloga ni psiquiatra ni mucho menos SEXÓLOGA, profesión que ha ganado importancia en estos tiempos, como podemos apreciar por la gran cantidad de adictos al sexo y otros seres hipersexuales de los cuales escuchamos constantemente en las noticias. (No sé si se te escapó la noticia del golfista profesional, Tiger Woods, que es uno de los renombrados en la actualidad en una larga lista de famosos que se han tenido que confesar adictos al sexo.)

Pero al final, tu prólogo fue lo suficientemente persuasivo como para que continuara leyendo, humilde, y es claro que buscas respuestas a inquietudes "legales" con las que pienso que sí te puedo ayudar.

Me gusta tu nombre, AQUILES. Me gustaría imaginar que tus padres te lo pusieron reconociendo que todos lo seres humanos tienen vulnerabilidades; puntos débiles por donde pueden ser física o moralmente heridos. Ambos tipos de herida causan daños terribles y las heridas del espíritu pueden ser tan devastadoras como las físicas y, a veces, mucho más perversas y torturadoras.

Entonces, la pregunta central en esta carta es si la terapeuta viola algún tipo de regla, código o ética, al acostarse con su paciente y si realmente ayuda, o es un descaro de ambas partes y el cambio experimentado por el paciente, en este caso TÚ, es un cambio falso, manipulado por el comportamiento de la sexóloga que es otra descarada a la que, sin duda, no le disgusta tu dinero.

Sin tener que hacer búsqueda alguna, te informo que los abogados no podemos tener relaciones íntimas o sexuales con clientes mientras los representamos. Es una violación al código de ética de la abogacía y posiblemente un crimen, bajo ciertas circunstancias. Este mismo principio rige la práctica profesional de los psicólogos en todos los países de los que tengo conocimiento.

Por otro lado, no creo que te convenga que tu esposa Leticia lea esta respuesta porque considero que ella está en lo correcto: tiene que divorciarse porque esa pobre mujer NUNCA será suficiente para ti. La pobrecita ha hecho DE TODO (¡hasta tríos con travestis!), y TÚ, ¡con la misma cantaletaaaaaa! No sé que más esperas de Leticia. Lo que ella te pide es POCO en comparación con lo que ha hecho por ti.

Es más, a mí me parece que estás enamorado de la presunta Dra. Gladys, si es que realmente es doctora, porque está ROMPIENDO TODO tipo de reglas de ética profesional y estoy segura que hay lugares en los que lo que hace es UN CRIMEN. Mi investigación del tema y mis años de experiencia me dicen que las terapias con la Dra. Gladys no son más que la prostitución de una noble y digna profesión como lo es la psicología. Que hay profesionales que se burlan de sus pacientes, engañándolos, y pacientes que se dejan engañar.

En Estados Unidos hay datos que sugieren que más o menos un cuatro por ciento de los terapeutas tienen relaciones sexuales con sus pacientes, causándole problemas a los pacientes y a la profesión. En otras palabras, Aquiles, la substituta sexual es igual (=) a una prostituta. No te engañes más, que ya estás bastante grandecito con treinta y cinco años para actuar como adolescente o hacerte EL P......, como se dice vulgarmente; en tu caso, acertadamente. Yo, en lo personal, y basada en la información que me ofreces en tu carta, creo que eres un descarado, mal acostumbrado y manipulador que debe encontrar a otra mujer que sea como TÚ y quiera LO MISMO que tú.

Tú mismo dices que estás dispuesto a romper tu matrimonio por las terapias. Quizás la Dra. Gladys, con quien tienes tanta "comunicación", te consuele antes, durante y después del divorcio con Leticia.

Pero si me he equivocado en mi evaluación de tu comportamiento obsesivo, puedes buscar en la Internet sitios que son recursos confiables como www.Kinseyconfidential.org para guiarte a encontrar un profesional que respete su profesión.

En fin, Aquiles, que tus padres tenían la razón, excepto que tu debilidad... NO ES EL TALÓN.

Buena suerte. Te hará falta.

Atentamente,

Dra. Ana María Polo

Cuando el sexo es un fusil

Querida Dra. Polo:

Pocas veces en la vida me he visto obligada a tomar decisiones tan radicales como la que entraña esta carta. Para mí no es motivo de vergüenza lo que tengo que contarle si tenemos en cuenta que mi relato, mucho más que un desahogo emocional, busca comprensión y terapia para purificar un alma que siento se ha envilecido sin que yo haya tomado conciencia de ello hasta ahora.

Pero una vez que me senté a pensar en cómo ha sido mi vida durante los últimos años, decidí que tenía solamente dos caminos si quería encontrar una verdadera redención. Uno de ellos era consultar a un terapeuta, opción que nunca antes consideré siquiera, pues no confío en personas que pretenden escucharte para después aconsejarte a partir de normas y parámetros académicos que en muchos casos ni ellos mismos acatan.

La otra variante era ésta. Aunque usted no sea una amiga íntima, sé de antemano que su consejo estará guiado sólo por la buena voluntad que manifiesta. Quizás esta opción, a criterio de otras personas, resulte un poco ingenua, pero a fuerza de haberla visto durante casi ocho años en la pantalla de mi televisor, me he dicho a menudo que no existe mejor juez del alma que la Dra. Ana María Polo. Es por ello que la molesto con esta misiva que para mí tiene una trascendencia tan extraordinaria como mi vida misma y la de mi familia.

Doctora, soy latina de origen, aunque emigré con mis padres a EE.UU. siendo muy pequeña. Estudié y me eduqué dentro de una familia férreamente religiosa. Tengo muy buenos recuerdos de mi crianza y siempre traté de seguir las enseñanzas de mis padres hasta que, por las razones que le contaré más adelante, me desvié a plena conciencia de mis actos. Lo que es peor, la causa de que le escriba hoy no es el arrepentimiento que no siento, sino el deseo de hacer lo que sea para volver a mi vida normal de antes.

Mi vida no ha sido fácil. Mis padres se empeñaron siempre en que estudiara y como no eran personas pudientes, en la casa todos teníamos que aportar trabajando para que yo terminara mi carrera. Logré completar estudios en administración de empresas y hasta llegué a terminar una maestría en mi especialidad, pero con muchos sacrificios, doctora, porque cuando otros jóvenes de mi edad estaban ilusionados con vacaciones o amoríos de verano, yo tenía dos trabajos aparte de mis obligaciones de estudiante.

Quizás por eso, creo yo, fue que me aferré a mi noción de lo que era "conocer la vida" no bien me había graduado. Y cuando me refiero a "la vida", hablo de mi matrimonio con el único hombre con el que he tenido una relación concreta y estable durante dieciocho años. No le voy a decir que llegué virgen al matrimonio porque no es cierto. Perdí mi virginidad a los dieciséis cuando recién comenzaba los estudios secundarios, y aunque el hecho no viene al caso, lo comento aquí solamente para corregir a aquellas personas que confunden virginidad con inocencia, que son dos cosas muy diferentes.

Yo puedo decirle, sin temor a equivocarme, que no tuve una primera experiencia sexual porque en realidad fueron

Querida Dra. Polo: Las cartas secretas de **CASO CERRADO**

seis al mismo tiempo. Sucedió con muchachos de mi misma edad una noche que comenzó como una celebración del triunfo del equipo de basquetbol del colegio. No tengo ni un mal ni un buen recuerdo de aquel momento porque, también por primera vez, me había emborrachado. De manera que al día siguiente sólo sentí dolor físico y la humillación de no acordarme de absolutamente nada. Es decir, que a pesar de haber estado con seis "hombres" (lo cual no considero una violación porque, según me contaron, yo estuve de acuerdo en todo) emergí de esa experiencia con la inocencia propia de los que nunca han pecado.

No lo sé con seguridad, pero quizás ese hecho haya tenido que ver con todo lo que me ha sucedido últimamente. Y es que durante años he tratado de recordar en vano aunque fuese un segundo lo que ocurrió aquella noche. Es posible que el trauma de haberme perdido esa primera oportunidad de sentir placer hiciera cambiar mi carácter de adulta. Pero ese análisis lo dejo a su criterio, porque todavía me falta por contarle el motivo que me lleva a escribirle esta carta.

Conocí a mi esposo hace dieciocho años cuando comencé a trabajar como auxiliar de préstamos en una institución bancaria. Él era uno de nuestros clientes. "Noviamos" poco y nos casamos seis meses después de conocernos. Tuvimos dos hijos, un varón que ahora tiene 17 años y una nena que ya cumplió los 15. Nuestro matrimonio comenzó y se desarrolló de una manera normal. El sexo era, como dicen los norteamericanos, *so-so*, o sea soso. No era terrible, pero tampoco me satisfacía del todo. Con el pasar de los años llegué a ser la vicepresidenta del banco (cargo que todavía mantengo) y mi esposo fundó su propia compañía de construcción. De manera que comenzamos a disfrutar de una economía holgada, la cual, gracias a Dios, mantenemos hasta ahora. Pero, hace unos ocho años, el carácter de mi esposo cambió por completo. Él siempre había sido una persona de corte violento que sabía reprimirse dentro del hogar. De pronto, comenzó a traer sus problemas a la casa y, por supuesto, a hacerme a mí el blanco favorito de su furia. El proceso fue lento y quizás eso haya sido lo que más daño nos hizo porque yo lo asimilé sin contradecirlo y busqué la peor de las soluciones, que es la de interiorizar los problemas sin buscar soluciones. Creo que esa actitud mía de encerrarme con mis pensamientos fue como una caldera de presión que, cuando explotó, encontró una manera de desahogo en el placer sexual.

El caso es que mi esposo comenzó a llegar a la casa y a protestar por todo sin medirse que estaba delante de los niños. Yo bajaba la cabeza y obedecía para complacerlo y sobre todo para disimular delante de los muchachos. Me sentía muy mal conmigo misma porque yo soy una mujer fuerte que siempre he afrontado cualquier tipo de problema pero, no sé por qué razón, delante de mi marido quedaba totalmente desarmada. No hablaba, pero tampoco dejaba que me vieran sufrir. Me hizo tanto daño la situación que el instinto de conservación me obligó a buscar una salida, y la encontré en el sexo porque él se excitaba mucho después de cada pelea y yo aproveché su debilidad. Por tanto, después de cada pelea, cuando estábamos en la intimidad de la habitación, él me resarcía de todos sus errores y teníamos un sexo espectacular. Nunca había disfrutado tanto como en aquellas ocasiones en que él casi rajaba su garganta gritándome por cualquier tontería y después marchaba hacia el baño para darse una ducha. Ahí era cuando yo entraba con él a la regadera y desnudos los dos dejábamos que el agua

Querida Dra. Polo: Las cartas secretas de CASO CERRADO

empapara nuestros cuerpos mientras nos besábamos, y en la medida que lograba su erección, yo sentía que su ira se saciaba para darle paso a una sexualidad que nunca antes había experimentado con él. Otras veces yo lo esperaba en la cama con un atuendo erótico y él se desnudaba ya erecto mientras continuaba maldiciendo y peleando hasta que se fundía con mi cuerpo y sus quejas se convertían en gritos de placer que solamente eran apagados por la fuerza de mi respiración cuando llegaba al orgasmo.

Después, todo se fue complicando hasta que un día me golpeó en el rostro delante de los niños. Yo tengo que decirle la verdad y es que en ese momento no me dolió el manotazo y tampoco la humillación de que mis hijos estaban presenciando los acontecimientos. Por el contrario, cuando sentí el calor de su mano chocando contra mi mejilla, mis ovarios se contrajeron provocándome un colosal orgasmo.

No sé por qué me he dejado manipular de esa forma porque yo no sentía ningún amor por los golpes. Son las peleas las que me hacen perder la noción del tiempo y esperar con ganas el momento en que él vuelva a abofetearme. Entonces, yo meto mi mano en su bragueta y no sólo se acaba la pelea, sino que todo termina en pasión.

Quiero aclararle algo, Dra. Polo, y es que yo no soy masoquista. No es el dolor ni la humillación lo que me provoca placer. Es el estado de ánimo de mi esposo el que, desde el inicio de estos problemas, me ha llevado a asumir una actitud de doble comportamiento. Primero me encierro en mí misma para aislarme del mundo que me rodea, incluyendo a mis hijos, y después, poco a poco, permito que la libido me vaya alterando hasta convertirme en una antisocial presa de un incontenible deseo sexual. Nosotros vivimos en una casa grande, pero es imposible ocultar una pasión así por mucho tiempo. De manera que mis hijos se dieron cuenta de la situación y el trato con nosotros cambió radicalmente. La hembra dejó de hablarme y buscó refugio con sus tías, mientras que para el varón todo resultó mucho más traumático. Se ha convertido en un misógino que odia a las mujeres. Para él, es como si no existiera el sexo femenino. Y no es que sea homosexual, Dra. Polo, porque no lo es, por lo menos hasta este momento. El caso es que no soporta ver a ninguna mujer, incluyéndome a mí que soy su madre. Las pocas veces que se ha comunicado conmigo ha sido mediante su padre, al cual le exige que se divorcie de mí y que me saque de la casa. Según él, yo tengo la culpa de este derrumbe moral porque le soporté todo a su padre y además busqué placer en la violencia. El muchacho tampoco le habla a su hermana porque ve en ella una prolongación de mi persona. En la escuela, no tiene relaciones con sus compañeras y mucho menos asiste a clases cuando se trata de una profesora. Yo me siento culpable de este destrozo familiar que se ha formado, pero lo hice para evitar precisamente el que nos desuniéramos. Traté de darle a la violencia de mi marido un enfoque positivo. No creo que tenga yo la culpa de que el abuso doméstico se haya convertido en un mecanismo de placer. En definitiva todos buscamos nuestra satisfacción sexual de diferentes maneras y yo lo hago mediante un silencio cómplice que me ha proporcionado graves problemas no sólo en el hogar, sino también en el trabajo donde se ha notado mi falta de comunicación con los empleados a mi cargo y hasta con mis superiores.

Mi esposo no piensa igual que yo y me culpa de todos los problemas de la familia. Él dice que fue mi actitud hacia la vida la que convirtió a nuestro hijo en un misógino y a la niña en una "indeseable". Como consecuencia, quiere divorciarse de mí y procurar la custodia de nuestros hijos porque, según él, sólo así volverán a la normalidad. Convenientemente olvida que fue su actitud y su abuso doméstico lo que, en primer lugar, provocó el caos familiar en el que ahora vivimos. Yo no quisiera divorciarme, pero si ésa fuera la única solución, tampoco estoy dispuesta a cederle la custodia de esos dos niños que salieron de mi vientre y que, sólo Dios sabe, con cuánto sacrificio y trabajo los he criado.

Por un lado, Dra. Polo, he querido desahogarme y como ya le había dicho, la escogí a usted, quizás abusando de su buena voluntad. Pero por otra parte necesito escuchar a alguien con una voz fuerte que me diga lo que debo hacer. Creo que llevar a los muchachos a un especialista sería marcarlos aún más de lo que ya lo están. Ya tienen suficiente con el comportamiento de sus padres para tener que soportar miradas indiscretas y burlas de sus compañeros de estudio y sus amistades por el simple hecho de tener que excusarse de clases para ir a terapia. Por eso, Dra. Polo, por el bien de mi familia y el mío propio, le pregunto desde el fondo de mi corazón ¿qué hago?

La que sigue enamorada de su marido

"No soy masoquista; lo amo"

Querida Enamorada:

De entrada me preocupa que no te arrepientas de tu comportamiento porque el que no siente remordimiento, en mi experiencia, no cambia ni rectifica realmente. Por tu recuento, es obvio que eres un ser pensante e inteligente, pues bien sabes distinguir entre la virginidad y la inocencia. Pocas personas reflexionan sobre las cosas con esa profundidad y crudeza. Obviamente, no eres la única que ha pasado por un evento como el que me cuentas sobre lo que te ocurrió con el equipo de basquetbol, y quisiera que las madres compartieran con sus hijos, de alguna manera, lo terrible de esa anécdota, de esa experiencia que tuviste con lo peor y lo más bestial de la raza humana. A lo mejor así, los hijos comprenderían, aunque fuera un poco, los devastadores efectos del alcohol y del sexo desatado.

El análisis que dejas a mi criterio, siento decirte, es propio de un buen psicólogo, psiquiatra, o quién sabe qué tipo de "ólogo". Tus confesiones de que no eres masoquista, de que tienes doble comportamiento y de que vives un estilo de vida misántropo forman parte clave de la raíz de tu grave problema, que ha invadido las partes más fundamentales de ti como mujer y madre: ¡NO ERES CAPAZ DE SER MÁS QUE UNA VÍCTIMA DE VIOLENCIA DOMÉSTICA! Además, lo más triste del caso es que tu hijo le ha dado en la cabeza al clavo cuando te culpa por el "derrumbe moral" de tu hogar al conectar la violencia que has aguantado con la aberración sexual que has creado tratando de tapar el sol con un dedo. En fin, que cuando me dices que trataste "de darle un enfoque positivo" a la violencia de tu marido, me parece que estás loca de remate y no sé si antes de continuar deba pedirte que te sometas a la evaluación psiquiátrica que tanto desprecias, no vaya a ser que esté yo perdiendo el tiempo con una desquiciada. Perdona mi franqueza, pero creo que no esperabas menos de mí.

Ahora vamos al grano. Para mí es increíble que no quieras divorciarte, porque eso me indica que no aprecias la seriedad de tu problema. Tu comportamiento con tus hijos roza en la negligencia y el abuso y espero sinceramente que nadie te delate ante el Departamento de Niños y Familia porque, mientras no hayan cumplido la mayoría de edad, estos pudieran someter cargos por delitos que realmente has cometido. Tu problema principal es que TUS HIJOS no quieren estar contigo. Además, piensas que llevar a tus hijos a un especialista es marcarlos para toda la vida, sin considerar que TÚ YA LO HICISTE. Como madre, era tu obligación protegerlos de la violencia que se vivía en el hogar. ¿Por qué no te fuiste? ¿Por qué no te salvaste? ¿Por qué no salvaste a tus hijos? No entiendo. Eres una mujer preparada e inteligente y sin embargo has actuado como una cobarde tratando de justificar lo injustificable.

El cínico de tu marido se atreve decir que con él los hijos "volverán a la normalidad". ¿A qué normalidad se refiere? Imagínate, el agresor se hartó de ti. Que despreciable.

En fin, considero que debes tratar de dilatar lo del divorcio lo más que puedas para tratar de componer tu relación con tus hijos a través de terapia con un buen psicólogo de familia. Involucrarte en un litigio por la custodia de tus hijos sería mortal puesto que tus hijos ya tienen suficiente edad para testificar frente a un juez y sus testimonios serían devastadores para ti. Tampoco pienso que sería beneficioso para ellos puesto que un proceso judicial de esta índole puede ser muy dañino. Espera y trata de convencer al hijo de p... de tu marido que no presente el divorcio hasta que los hijos sean mayores de edad.

Por último, busca ayuda PARA TI. La necesitas. Tienes que aprender a poner tus prioridades en orden. Eres una mujer abusada y enfermiza. Si tu marido presenta el divorcio, busca a un buen abogado de familia que sepa presentar la evidencia de una manera favorable para ti y demorar el proceso hasta que tus hijos salgan de las garras del odio y el desprecio que sus padres les enseñaron.

Espero que con el tiempo te cures y no repitas el patrón de conducta que llevó a la destrucción de tu familia. ¿Lo que más te deseo? Que algún día puedas volver a tener una verdadera relación de madre con tus hijos.

Buena suerte,

Dra. Ana María Polo

Estimada doctora Polo:

Mi nombre es Guillermo. Soy un hombre de 35 años, casado, con dos hijos varones de 4 y 6 años. Quiero empezar contándole que soy un fiel admirador de su programa desde la época de *Sala de parejas* y que veo los episodios grabados de su programa *Caso cerrado* en las noches cuando llego a casa y después de cenar, a veces acompañado de mi esposa.

Fue viendo uno de sus episodios que se me ocurrió la idea de escribirle a usted para pedir consejo, pues la verdad es que no sé qué hacer con un serio problema que está amenazando no sólo mi carrera profesional sino también la estabilidad de mi familia.

Recién casado me gradué en finanzas y desde entonces trabajo en una compañía como contador con un excelente sueldo que me permite llevar una vida más o menos segura. Siempre fui un buen empleado, querido por todos mis compañeros y jefes, y nunca tuve problemas de ningún tipo.

Eso cambió con la llegada de Gabriela, mi nueva supervisora, una mujer soltera de 42 años que se ha ido metiendo en mi vida de tal forma que estoy aterrado, pues ha llegado a amenazarme físicamente cuando le pido que cortemos esta relación enfermiza.

Bueno, voy a contar cómo comenzó todo. Mi antiguo supervisor, un señor de mayor edad pero de excelente salud, sufrió un derrame cerebral una tarde y tuvieron que llevárselo en ambulancia de su oficina. A veces creo que fue como una maldición o un embrujo de Gabriela porque la verdad es que ese señor tenía una salud de hierro y de pronto le da un patatús así como si nada. Al día siguiente llegó Gabriela, y la verdad es la verdad y no voy a mentirle: Gabriela es una mujer muy atractiva y sexy a pesar de sus 42 años. Tiene un cuerpo muy bonito, de piernas bien torneadas y unos senos que son la envidia de las mujeres de la empresa. Sin embargo, a pesar de ser atractiva, por mi cabeza ni pasó la idea de entrar en una relación amorosa con ella. Es que yo soy un hombre muy respetuoso con las mujeres, fiel en mi matrimonio, doctora, y creo que cuando tú le haces un mal a alguien, ese mal que hiciste te regresa de la peor manera. Además, yo quiero mucho a mi esposa, Sofía y, aunque tenemos nuestros problemitas en la cama, lo cierto es que ella es muy buena y cariñosa, además de una madre excelente.

Pues una noche Gabriela me pidió que me quedara hasta tarde en la oficina. Era fin de mes y había que terminar de contabilizar los libros de varios clientes. Yo estaba allí sacando cuentas cuando ella se puso a preguntarme cosas personales, como mis preferencias sexuales y todo eso a la vez que me acariciaba la cara. Me puse un poco nervioso y le dije que no me gustaba hablar de ese tema, mucho menos delante de una mujer. Pero entonces ella me contó que le gustaba ver videos pornográficos, sobre todo esos videos en que las mujeres dominan a los hombres y los amarran y las mujeres se suben encima de ellos y los montan como caballos. Imagínese, doctora, yo no cabía del asombro y sin darme cuenta tenía una erección como nunca antes la había tenido. Era una mezcla de vergüenza con excitación. Entonces ella cerró la puerta de la oficina y me preguntó que si yo quería ver una demostración. Yo me levanté para irme pero ella se interpuso entre la puerta y yo. Me dijo que era jugando mientras reía divertida.

Esa noche pasé la madrugada soñando con Gabriela. Me sentí incómodo y culpable pero a veces uno como que no puede controlar la mente y los deseos del cuerpo. Pasaron varios días en que Gabriela se comportó muy amable y cariñosa conmigo pero, a la vez, siempre estaba dejando caer comentarios sexuales como que había soñado con montarme muchas veces y una tarde hasta me agarró el pene mientras me decía que estaba loca por chupármelo, que cuando yo quisiera allí estaba ella.

La verdad es, doctora, que aguanté por mucho tiempo su acoso pero un día le conté a mi mejor amigo Gustavo lo que me estaba pasando y este amigo me dijo que aprovechara y me acostara con Gabriela porque estaba bien buena y así me dejaría en paz, que a las mujeres de esa edad les gusta tener sexo con hombres más jóvenes por puro placer pero que seguro al día siguiente si te veo ni me acuerdo.

¡Fue el peor consejo que me dieron en toda mi vida! Y yo fui un necio por dejarme llevar. Así fue como, una tarde durante el almuerzo, le dije a Gabriela que me encantaría ver uno de esos videos de sadomasoquismo de los que le gustan. Después del trabajo fuimos a su casa. Ella entró al cuarto y me dejó viendo uno de esos videos. No voy a mentirle que no me gustaron porque me excitaron mucho. No sé si fue ver a esas mujeres, creo que eran inglesas, que estaban bien buenas, dominando a los hombres. De repente salió Gabriela del cuarto. Estaba vestida como las mujeres del video. Botas negras, altas, un sombrero de policía y una especie de panty negro de látex, que para mi asombro tenía dos orifi-

Querida Dra. Polo: Las cartas secretas de CASO CERRADO

cios donde se mostraban los labios vaginales y la entrada de su ano. Alrededor de sus senos tenía unas correas también de cuero. En las manos llevaba un látigo. Me dijo que era un niño malo y me ordenó que me desnudara. Yo le obedecí enseguida. No quiero mentirle porque la verdad es que estaba muy excitado.

Después me pidió que me arrodillara como un perro y se subió encima de mí. Ella me golpeaba suavemente con el látigo mientras recorrimos la habitación y me decía cosas tan sucias que hasta siento pena repetirlas. Finalmente me condujo a su cuarto. Allí dentro me acostó boca arriba en la cama, me ató con dos esposas a la cabecera de la cama y se subió encima de mí, de tal forma que mi boca quedó justamente bajo los labios de su sexo. Durante no sé qué tiempo estuvo restregando su sexo en mi boca y luego en el orificio de su ano. Varias veces gritó de placer y yo quedé con un ardor en mi boca que todavía me duele al recordarlo. Para terminar se subió encima de mi pene y juntos tuvimos un orgasmo.

Me da vergüenza contar con lujo de detalles pero quiero que entienda que no estoy acostumbrado a este tipo de relación sexual. Me crié en una familia católica y la única mujer que tuve en mi vida es mi esposa, la madre de mis hijos. Siempre pensé que la gente aficionada a ese tipo de acto sexual son personas pervertidas y ahora entiendo que entre dos personas adultas cualquier cosa vale mientras haya consentimiento y respeto mutuo.

Esa noche llegué a mi casa avergonzado. Y cuando entré a la habitación y vi a mi esposa allí acostada durmiendo tranquilamente, sentí un remordimiento tan grande que tuve que encerrarme en el baño para llorar. Me dije: "Bueno,

Guillermo, por lo menos ya te la quitaste de encima y a partir de ahora todo será normal".

¡Qué equivocado estaba, doctora! Porque resulta que a partir de ese día el acoso de Gabriela fue creciendo como crece una mala yerba. Me dejaba notas en mi escritorio con frases sexuales y dibujitos eróticos que tengo que romper y cuidar que nadie encuentre. Me decía barbaridades sexuales en tono bajo durante las reuniones, cosas como que te voy a montar otra vez, te voy a ordeñar como a un toro, inclusive una vez en plena reunión estiró el pie por debajo de la mesa y estuvo tocándome el pene durante todo el tiempo que duró la asamblea. Me paso el día vigilándola para no cruzármela en ningún pasillo u oficina de la empresa. Imagínese que una vez se subió en el elevador tras de mí y allí mismo empezó a besarme y a gemir como una loca. Muchas veces tengo que escaparme en las noches para ir a su casa y complacerla sexualmente porque amenaza con llamarme por teléfono a mi casa. Yo le he dicho a mi esposa que tengo que salir por asuntos de trabajo y me da tristeza cada vez que le miento. Usted se preguntará por qué razón he soportado su acoso.

Pues una mañana fui al baño y cuando estoy a punto de salir se aparece Gabriela. Cerró la puerta del baño diciéndome que estaba muy caliente y allí mismo se arrodilló en el suelo, abrió la bragueta de mi pantalón y me hizo sexo oral a la vez que ella se masturbaba con la mano. Al terminar le dije muy serio que no quería continuar con aquella locura, que si era necesario iba a denunciarla ante un jefe superior, así tuviera que ir a hablar con el presidente de la empresa. Gabriela se lavó las manos tranquilamente y con una sonrisa que todavía recuerdo me dice: "Adelante, si cuentas algo yo diré que eres tú el que me está acosando sexualmente".

Querida Dra. Polo: Las cartas secretas de CASO CERRADO

Pues en ese tremendo lío estoy metido ahora, doctora. Resulta que estuve averiguando y descubrí que Gabriela es sobrina de uno de los fundadores de la compañía, además de amiga íntima del actual presidente. No quiero perder un puesto de trabajo, más todavía como está la situación económica. Tengo terror de no tener un empleo para poder mantener a mi familia, pero lo que estoy viviendo es un infierno. El último ataque, por llamarlo de algún modo, que sufrí por parte de Gabriela fue en la misma entrada de mi casa. Dos días antes había pedido una semana de vacaciones para estar con mi familia y de paso alejarme un poco de Gabriela. Llegué del mercado con mi familia y allí estaba ella en su coche esperándome en la entrada de mi casa.

Saludó a mi esposa de la manera más natural del mundo y me dijo que necesitaba que yo revisara unas cuentas. Todo era puro cuento y yo lo sabía. Por eso acepté subirme a su coche. Allí dentro me di cuenta de que no llevaba ropa interior y cuando nos alejamos un poco de la casa se subió encima de mí. Como era lógico, no pude tener una erección y ella se volvió una fiera y comenzó a gritarme palabras sucias y a decir que por mi culpa estaba insatisfecha. Finalmente me echó del auto y se alejó a toda velocidad.

Estoy atormentado, doctora. Tengo terror de visitar un abogado. En primera porque si mi mujer se entera yo sé que será el fin de nuestro matrimonio, pero a la vez estoy asustado porque creo que Gabriela es una mujer medio loca y agresiva y tengo miedo de que un día se aparezca en mi casa y le haga daño a mi esposa.

Un día estuve leyendo en una revista cómo una mujer abusada grabó los maltratos de su marido en una cámara y luego los presentó como prueba en el tribunal. Ese artículo me

Querida Dra. Polo: Las cartas secretas de **CASO CERRADO**

trajo la idea de grabar a Gabriela cuando me amenaza en la oficina y mostrarle las pruebas al Departamento de Recursos Humanos. Estoy dispuesto a gastarme dinero en una de esas cámaras modernas que usan los periodistas, usted sabe, esas cámaras que lo mismo se pueden enganchar en un botón que en algún objeto del escritorio. Pero, ¿eso no es ilegal? ¿Qué pasa si la grabo y entonces ella me demanda por grabar la conversación sin permiso? ¿Puedo buscar una orden de restricción sin que ponga en peligro mi empleo?

Todas estas preguntas me las hago día y noche, mientras Gabriela continúa su acoso y creo que si no encuentro una solución pronto me voy a enfermar de los nervios. Perdone por ser tan franco pero necesito su consejo urgentemente. Le mando un saludo y muchas bendiciones.

Sinceramente,

El acosado de Los Ángeles

Querido Acosado:

De qué vale que te recuerde el escalofriante tema de la película exquisitamente actuada por Glenn Close y Michael Douglas, *Atracción fatal*. Cuando dices que tienes "un serio problema", estás disminuyendo TU realidad y la de tu situación. ¡ESTÁS EN UNA DESCOMUNAL C......!

De entrada te digo que me llamó mucho la atención el que admitieras, *ab initio*, como decimos los abogados, que tu esposa, Sofía, y tú tuvieran "problemitas en la cama". Esta inocente confesión puede tener dolorosas repercusiones.

El primer incidente con tu supervisora, Gabriela, debió ser para ti INDICIO claro de que Gabriela era atrevida y peligrosa (como dices que "se reía divertida"), y TÚ, sensible a sus seducciones. (Lo digo por lo de "la erección como nunca antes".) Nunca debiste permitir que te acariciara la cara puesto que el tacto es un sentido con consecuencias concretas... y si pasó de sorpresa, ÉSE ERA EL MOMENTO DE DARTE CUENTA DE QUE TE HARÍA FALTA EVIDENCIA. Pero sospecho que había algo placentero y excitante para ti. "Sarna con gusto NO pica y si pica, NO mortifica", decía mi abuela.

El segundo evento que relatas, cuando te "agarró el pene" y lo de la chupadera, debió haber sido el que te precipitara a tomar acción legal en contra de tu supervisora, armado de evidencia que has ido recopilando con el tiempo. Debe haber en tu empresa un Departamento de Recursos Humanos y/o el boletín oficial de la Comisión para la Igualdad de Oportunidades en el Empleo (EEOC, por sus siglas en inglés), con sugerencias y normas para este tipo de problema laboral en Estados Unidos. ¡Es tan fácil ir a www.eeoc.gov!

El consejo de Gustavo, tu amigo, que TÚ escogiste poner en práctica, pudo ser el peor consejo ofrecido, PERO TÚ LO SELECCIONASTE LIBREMENTE. Es obvio que aún te diviertes con el evento porque tu descripción de la primera vez en casa de Gabriela es gráfica y lasciva. Hablas de tener UNA ERECCIÓN como si fuera un reflejo incontrolable, como UNA CONVULSIÓN O DESMAYO, como si tu mente y la voluntad de no actuar no existieran en ti.

En realidad, NO CREO cuando dices que te "da vergüenza contar con lujo de detalles" esta experiencia. Al contrario, me parece que te da gran placer, aunque no lo reconozcas. Un hombre educado, de 35 años, residente del planeta Tierra en el 2010 no debe ser tan ingenuo, ¿o estás bromeando?

La amenaza de Gabriela al decir que te acusará de acoso sexual si la delatas es realmente espeluznante porque, de acuerdo a un estudio hecho por sociólogos de la Universidad de Minnesota, las mujeres supervisoras son un 137% más propensas a ser víctimas de acoso sexual que las que no son supervisoras. Y con las conexiones que tiene Gabriela en la empresa (sobrina de uno de los fundadores y amiga del actual presidente), tu situación es mucho más compleja que un caso de acoso sexual laboral común y corriente. Creo que debes consultar con un abogado en tu área especializado en ley laboral de este tipo. Busca en Internet.

Ahora bien, el hecho de que se apareció en tu casa me preocupa inmensamente, al igual que el que me digas que Gabriela es agresiva y medio loca. Creo que debes informar a la policía para tu protección.

Además, debes hablar con tu esposa y explicarle antes de que se entere de otra forma y sea más doloroso para ella. De todos modos, prepárate para enfrentar tus consecuencias. Ella no va a tomarlo bien, pero explícale con arrepentimiento, si es que lo sientes y, sobre todo, déjale saber que tu empleo peligra. Quizás sea buen momento para que juntos exploren temas que causan debilidades en la relación.

BUENA SUERTE, Guillermo. Te hará falta.

Dra. Ana María Polo

Más que una obsesión, una enfermedad

Querida doctora Ana María Polo:

Le escribo porque necesito de su ayuda. Estoy dispuesta a visitar su programa si usted me lo pide y, si el degenerado de mi marido acepta acompañarme, le aseguro que digo ante las cámaras todo lo que aquí voy a contarle sin pelos en la lengua. Me siento ultrajada, engañada y usada como un objeto sexual, como esas muñecas de plástico que usan los hombres pervertidos para meter sus penes y satisfacer sus impulsos eróticos.

Aprovecho para contarle que me dedico al sexo telefónico. Soy una operadora de línea sexual 1-900. Mi empleo consiste en conversar temas eróticos con hombres que se excitan oyendo a una mujer del otro lado de la línea. Soy una experta. Tengo una voz suave, llena de ternura y puedo llevar a los hombres hasta el orgasmo con facilidad. Como me gusta leer novelitas porno, y aparte acostumbro a ver películas de sexo duro con mi marido, me sé todos los trucos para satisfacer a un hombre. Pero el truco verdadero consiste en demorar ese orgasmo, en retardar lo inevitable, porque mientras más minutos pasa el tipo del otro lado de la línea, más por ciento de ganancia me pagan por la llamada. Así es como en vez de decir "dame la lechita", como dicen las tontas, yo le digo, "aguanta la lechita, espera un poquito, corazón, que todavía no estoy satisfecha".

Pero, doctora Polo, lo que más me divierte es mi secreto. Detrás de esa voz tierna y sensual se esconde una gorda de trescientas libras. Una gorda caliente que, sin embargo, se siente traicionada por el sinvergüenza de su marido. ¿Sabe por qué razón, doctora Polo? ¡Porque Humberto, mi marido, es el culpable de mi gordura! Y ahora para colmo, el muy hijo de la gran p... se está acostando con una p... más gorda que yo, con una gorda inmensa que se parece a Moby Dick, la ballena asesina. No es justo y quiero demandarlo.

Fíjese, antes de conocer a Humberto, yo era una chica normal, pesaba mis libras pero me mantenía en forma. Seguía mi dieta balanceada, iba al gimnasio a ejercitarme tres veces por semana, evitaba los chocolates y todas las golosinas que engordan. Mis padres me alentaban a bajar de peso y el ánimo de ellos me ayudó a sentirme orgullosa de mi figura. En aquel tiempo tuve algunos enamorados, muchachos del barrio y algunos camioneros que iban a tomar cerveza al bar de David, donde trabajé de mesera por dos años. Como siempre tuve las tetas grandes y las nalgas redondas, los clientes me dejaban buena propina. Yo les hablaba suave, sensualmente, coqueteaba con ellos, pero sólo me acosté con los que me gustaban de verdad. Allí aprendí que lo que más necesitan la mayoría de los hombres es que los escuchen, sobre todo en la cama después del sexo. Me volví una experta en eso. Yo les recostaba la cabeza en mis tetas, les acariciaba el pelo y no se imagina las cosas que contaban. Es verdad que me divertí un mundo en aquella época. Era joven, más delgada y libre. No hubo sábado que no me invitaran a comer a un restaurante o salir a bailar a una discoteca. Siempre supe que el precio a pagar era acostarme con mi acompañante pero, como antes le dije, no me importó nunca porque sólo salía con los tipos que me gustaban. Me gustaba, y me gusta, mucho seducir a los hombres. Ver lo nerviosos que se ponen cuando es una la que los seduce.

Esa época de mi vida terminó el día en que Humberto entró por la puerta del bar. Me enamoré del muy desgraciado desde que se sentó en la barra y empezó a tratarme como ningún otro hombre me trató. ¿Sabe cómo, doctora Polo? Con indiferencia. Lo sé porque Humberto me lo contó al cabo de los años. Yo estaba acostumbrada a robarle la mirada a todo hombre que se cruzaba en mi camino. Mis tetas eran como un imán para los ojos. Y allí llega ese trigueño alto y musculoso y me ignora totalmente. Le juro que me entró una rabia que me/dije: "A este lo pongo a chupar mis tetas o me dejo de llamar Claudia". Una noche, lo seguí hasta afuera y le pedí que me llevara de regreso a casa porque mi auto se quebró. Humberto no dijo ni esta boca es mía en todo el viaje y eso que le insinué varias veces que yo estaba soltera, sin compromiso. Sentí tanta rabia que me dije: "¡A este lo acuesto en mi cama esta noche aunque tenga que violarlo!"

Llegamos a casa y lo invité a una cervecita. Cuando entramos le dije que pasáramos al cuarto para no despertar a mis padres. Humberto se fue relajando con las cervezas. Me dijo que yo le gustaba mucho, pero que alguien, no recordaba quien, le había dicho que yo era la amante de David, el dueño del bar. Me entró tanta alegría, doctora Polo, que los ojos se me aguaron de felicidad. Lo besé en los labios y allí mismo le bajé los pantalones y le regalé la mamada que según sus propias palabras fue la más c...... de su vida. Amanecimos juntos, abrazados de felicidad. Humberto me dijo que le había gustado pasar la noche conmigo, pero que no me prometía nada porque se estaba divorciando por aquellos días de su esposa. Yo le dije: "Eres un c....., un canalla, por qué me lo dices ahora y no anoche cuando me estabas clavando como a una yegua en el piso". Me pidió perdón. Yo me eché a llorar como una imbécil. Humberto se fue sin despedirse y yo pensé que no iba a volver a verlo. Pero estaba equivocada. A los pocos días lo vi de lejos en la calle, saliendo del *market* con una gorda parecida a mí, tetona, de pelo rubio, pero con muchas más libras que yo. Me entró tanta rabia que lo perseguí manejando mi auto. Llegaron a un edificio, entraron juntos pero pasado un minuto Humberto salió solo sin la gorda. Yo me bajé del auto y lo enfrenté allí mismo en plena calle. Le dije, cacho de c....., así que te estás divorciando, mentiroso. Él me agarró por el brazo y me metió en el auto. Me dijo que esa mujer era su ex esposa, que la acompañó al colmado porque no tiene auto y que ya no vivía con ella. Después me llevó a su casa y esa tarde yo me entregué a Humberto como nunca me entregué a ningún hombre. Mientras me hacía el amor yo le gritaba, le suplicaba que me hiciera su mujer, que quería vivir con él por el resto de mi vida, no me importaba nada mientras me hiciera sentir como me estaba haciendo sentir ese día.

Fue así como empecé a vivir con Humberto. Como él es camionero, y estaba mucho en la carretera, me pidió que dejara el bar de David y me dedicara a otra cosa, pues en un lugar en el que la gente bebe a veces suceden situaciones y él no podría estar a la mano para dar la vuelta y asegurarse de que nadie se metiera conmigo. Yo le dije que no sabía hacer otra cosa, entonces me dijo: "Pues o sigues en el bar o sigues en mi casa". Fui una imbécil y me fui del bar de David, a pesar de la propina que ganaba. Humberto me dijo que no hacía falta plata porque para eso él trabajaba, para mantenerme como su mujer. Yo, la verdad, doctora, me sentía orgullosa de que un hombre me diera todas las comodidades. Aburrida en la casa todo el día, empecé a comer dulces y golosinas, empecé a descuidar mi dieta. Como puede suponer, empecé también a aumentar de peso, a ponerme gorda. Pero lo más lindo de todo es que a Humberto no le importaba. Todo lo contrario. Empezó a traer dulces cada vez que regresaba de viaje. Lo puedo decir sin mentirle, que en menos de un año subí casi cien libras. Mis amistades y mi familia me aconsejaban que me cuidara. Estaban muy preocupados. Todo el mundo, menos Humberto, porque mientras más peso cogía mi cuerpo más le gustaba c.... conmigo. Es verdad que las tetas y las nalgas me crecieron y nunca tuve dudas de que Humberto disfrutaba el sexo con más intensidad que antes. Empezó a traer videos pornográficos donde las actrices eran gordas tetonas como yo, y eso me hizo sentir satisfecha.

Doctora Polo, ojalá todo hubiese seguido así. El problema fue que con la crisis económica Humberto empezó a perder viajes. Yo no quería regresar al bar porque estaba demasiado gorda y de sólo pensar en las burlas me asustaba. Una vecina me contó lo del servicio erótico por teléfono. Me dijo que era muy fácil, cuestión de práctica. Fue así como empecé a trabajar en eso. Al principio me costó mucho esfuerzo. No por hablar de sexo con desconocidos, sino porque agarraba unos calentones, que a veces tenía que correr para el baño y secarme mi sexo con papel higiénico. Poco a poco le fui agarrando el secreto y, como le dije antes, el secreto está en estirar las llamadas para ganar más plata. Me convertí en una experta. Fíjese usted que ahora, cuando traen a una chica nueva, soy la encargada de entrenarla. Todas las chicas me admiran mucho a pesar de mi gordura. Me dicen la gorda alegre, la gorda feliz, pero lo que desconocen es lo triste y trágica que se ha convertido mi vida desde que descubrí a mi marido saliendo de un motel acompañado de otra gorda.

Una amiga me contó el secreto y no quise creer la historia. Ella me dijo que lo siguiera una tarde y no pude creer lo que mis ojos se encontraron. Pero esta vez me guardé la rabia. No quiero que Humberto sospeche que lo sé todo. Ya contraté a un detective privado que le está tirando fotos y reuniendo información para llevarlo a corte. Voy a demandarlo por manutención por el resto de mi vida. El muy hijo de p... me engordó como una puerca, como una vaca, y ahora se buscó otra vaca para satisfacer su perversión por las gordas.

¿Puedo ganar el caso, doctora Polo? ¿Qué posibilidades tengo? ¿Puedo ir a su programa y desenmascarar a Humberto?

Gracias por todo,

Claudia Fernández

Querida Claudia:

El tono de tu carta me parece gracioso. Además, es obvio que aparte de ser buena en tu trabajo de servicio erótico por teléfono como alegas, pudieras estar escribiendo cuentos eróticos. Esta habilidad que tienes para ganarte la vida honestamente, si se entiende que aunque la fantasía que les vendes a tus clientes es sólo eso: una fantasía, y si se entiende además que ellos compran el servicio sabiendo que es probable que la "mamacita rubia" que les habla sea realmente una "gordita morena y sabrosona", te viene de maravilla porque dudo inmensamente que puedas ganar una demanda contra Humberto por manutención y, mucho menos, de por vida. No creo que te hayas casado con Humberto, porque me lo hubieras dicho, y el matrimonio por vivienda ha sido revocado en casi todos los estados de los Estados Unidos. Debes entender que la manutención es un remedio que utilizan los sistemas legales para ayudar a mantener al cónyuge que, por alguna razón u otra, no puede hacerlo al nivel establecido durante el matrimonio. Sin embargo, creo que en esta economía tú ganas más dinero que él. Humberto y tú no estaban casados de acuerdo a la información que me provees. El dinero que estás gastando en el investigador privado es dinero que puedes utilizar en el gimnasio. No lo malgastes en algo que sólo sirve para herirte con algo que ya sabes.

Por otro lado, Claudia, tú misma reconoces que tu ex pareja es un perverso por las gordas. Cuando alguien no se preocupa por nuestro bienestar, en el fondo no nos quiere. Todos los dulces que te daba y que incrementaban tu peso sólo servían para complacer su "perversidad", NO TU BIENESTAR. Humberto nunca te quiso. No trivialices tu gordura y vuelve a cuidarte.

No creo que venir a *Caso cerrado* sea una buena sugerencia puesto que tu caso tiene un alto contenido sexual y no es apropiado para el horario del programa.

Así que "a otra cosa mariposa". Sube tu autoestima y el verdadero amor aparecerá.

Atentamente,

Dra. Ana María Polo

Querida doctora Ana María Polo:

Me gusta mucho su programa *Caso cerrado* y soy fanática suya. Todos los días en el trabajo, mis amigas y yo discutimos los casos que vimos el día anterior en la televisión y pasamos el tiempo muy entretenidas, pues yo trabajo en un taller de costura y las horas a veces pasan tan lentas que el día parece eterno. Verá usted, yo soy fanática de su personalidad, de la manera tan bonita, sensata y humana con que resuelve los problemas de la gente común y corriente, o sea, la gente de pueblo. Y sin embargo no estoy obsesionada ni con usted ni con su programa, mucho menos con ninguna persona famosa de las que hoy en día abundan por todas partes. Le hago esta aclaración para que entienda los motivos de mi carta y entienda que aunque soy una mulata pobre y sin mucha educación, comprendo la diferencia entre la admiración y la obsesión.

Mi hermano Moisés es todo lo contrario. Desde hace como un año para acá mi hermano se ha ido obsesionando con una persona muy famosa que sale mucho en la tele y creo que le va a traer problemas. Esa persona es Niurka Marcos, la "cantante" o "bailarina" o "vedette" o lo que sea que sea ella, aunque a mí no me parezca más que una arrabalera a la que lo que le gusta es dar "show" y ser el centro de atención.

Le voy a contar un poco cómo comenzó la locura esta.

Mi hermano Moisés estaba visitando a un primo de nosotros que vive en México por aquellos días en que la revista

Playboy de México sacó como cincuenta fotos de Niurka Marcos desnuda. Si usted tiene buena memoria, se acordará que, por aquel entonces, Niurka estaba recién divorciada del también "actor" Bobby Larios y que Niurka estaba en la televisión a todas horas.

Un día estaba hablando por teléfono con Moisés y me comenta que Niurka se parecía mucho a Tania, una rubia que fue su novia en su época de estudiante. Yo no sabía ni de quién me estaba hablando. La verdad que hasta creo que mi hermano nunca tuvo novia, ni entonces ni ahora. Él siempre ha sido muy raro y de carácter cerrado, cosa que siempre espantó a mis amigas. Una vez, una amiga del colegio llegó a decirme que mi hermano necesitaba atención de un sicólogo, que las cosas que hacía no eran normales. Cosas como llorar por la mínima tontería, o ponerse a sudar y nervioso cuando alguna de mis amigas lo abrazaba o le decía "papito, tráeme un vasito de agua". Usted sabe, doctora, cosas sin importancia.

Pero volviendo al asunto, mi hermano me dice aquello de que Niurka se parecía a su novia y como a la semana de regresar de México fuimos a comer a un lugar que vende hamburguesas cerca de casa y por poco se nos para el corazón cuando vimos a Niurka Marcos entrar por la puerta. ¡Alabao, doctora! Mi hermano por poco se desmaya de la emoción y hasta yo me impresioné un poco.

Pero cuando mi hermano empezó a temblar y los guardaespaldas esos grandotes con los que ella andaba comenzaron a mirarnos raro, yo le dije, "Cálmate, mi negro," y él se calmó. Hasta que un poco después, llegaron los *paparazzi* y empezaron a tomarle fotos a Niurka. Entonces ella se acercó a nuestra mesa, supongo que para hacerse la más amiga de

Querida Dra. Polo: Las cartas secretas de CASO CERRADO

sus fanáticos, y como era obvio que el más fanático allí era el c......... de mi hermano, pues ya se imaginará la salamería que le armó allí mismo, delante de todo el mundo.

De pronto, mi hermano le toma la mano y le dice aquello de que ella se parecía a su primera novia. Yo no tenía donde meter la cara, doctora Polo. Me dio tanta vergüenza. Sin embargo, Niurka fue amable y hasta bromeó con él, diciéndole que entonces su novia debió haber sido la más bonita de la escuela y riéndose con la risa esa de hiena que tiene. Después salió del restaurante y más nunca la vi en persona.

Doctora Polo, a veces pienso que esa coincidencia fue la mecha que prendió el fuego en la locura de Moisés porque, después de aquel día, se volvió un obsesivo con Niurka Marcos. Pasaba el santo día pegado a la televisión esperando a ver si los programas de chismes la mencionaban para verla. Pidió vacaciones en su trabajo durante un mes y luego fue estirando los días con tal de pasar el tiempo pegado a la computadora viendo videos de Niurka. Una tarde regresé del taller de costura y me encontré una nota de mi hermano pegada a la nevera en donde me decía que iba a agarrar un avión para Puerto Rico para ver en persona a Niurka porque había escuchado que ella era una de las finalistas de unos premios que se celebraban allá. Yo creo que en ese viaje, la gente que la rodea le hizo algo a mi hermano. Se lo digo porque, aunque él no me quiso contar con detalles, regresó muy triste y hablando palabrotas del mundo del espectáculo. Me contó que trató de llevarle flores a su camerino y que no sólo no lo dejaron pasar, sino que nadie le hizo caso cuando preguntó si alguien podía llevarle las flores y que inclusive le advirtieron que se mantuviera a distancia de ella durante el evento.

Yo pensé ingenuamente que esa experiencia iba a calmarle la locura, pero como a los tres días de regresar de Puerto Rico se me aparece Moisés en la casa lleno hasta el cogote de bolsas de compras. Camisetas, gorras, afiches, en fin, cantidad de mercancía en la que aparecía Niurka. Llenó las paredes de su cuarto con afiches de ella y, como a los pocos días, entro a su cuarto y descubro con horror que las caras de los modelos que aparecían con ella en algunos de los afiches estaban tachadas con tinta, de manera que sólo se ve en los afiches a Niurka. Y para colmo, en la parte de atrás de su automóvil, pegó una tablilla que dice Niurka Marcos.

Esa noche tuvimos una bronca bien fuerte. Le advertí que aquella cosa no era normal. Moisés se puso a llorar. Me dijo que Niurka era la mujer de su vida y que lo que pasaba era que ella estaba prisionera de su nuevo esposo, pero que cuando volvieran a encontrarse iba a ser para estar juntos para siempre. Yo le advertí que si no paraba iba a llamarle a la policía. Lo amenacé varias veces. Pero no tengo valor para hacerle algo así a mi hermano. Yo sé que usted me entiende, doctora. Quiero mucho a mi hermano y tengo miedo de que se lo lleven preso. En mi país hay mucha pobreza y no hay oportunidades. Nosotros trabajamos para mantenernos y a duras penas mandarles dinerito a nuestros padres y si me sacan a mi hermano de mi vida no sé qué me voy a hacer.

Cuando Moisés empezó a trabajar de nuevo me sentí más tranquila. Llegué a pensar que su obsesión se había terminado. Como yo soy la que lava su ropa, un día entré a su cuarto para buscar la ropa sucia y encontré bajo la almohada un bikini blanco de mujer. Me puse muy contenta, pues me dije, menos mal que Moisés conoció a una mujer. En la noche llegó del trabajo buscando como loco ese bikini y cuando le dije que estaba en la ropa limpia se volvió una fiera y me empezó a gritar palabrotas. Doctora Polo, le juro que me asustó mucho. Nunca antes en mi vida vi a mi hermano tan furioso. Agarró el bikini del cesto de la ropa limpia y se prendió a llorar desconsolado. Yo no entendía lo que pasaba, hasta que me explicó entre lágrimas que aquel bikini pertenecía a Niurka Marcos, que lo había comprado en 500 dólares en una subasta en la Internet y que ahora lavado había perdido todo el olor de ella y de paso su valor.

Faltó poco para que me diera un infarto. Me dieron hasta ganas de vomitar. No sé si del asco, la vergüenza o las dos cosas a la vez. Volvimos a discutir muy fuerte y Moisés se encerró en el cuarto. Yo aproveché para llamar a mi mejor amiga y contarle lo que me estaba pasando. Con alguien tenía que desahogarme. Mi amiga me dijo que lo que le hacía falta a mi hermano era tener sexo con otra mujer, que le presentara alguna amiga, o que le pagara a una prostituta, que tal vez lo que mi hermano necesitaba era eso, descargar todo ese veneno que tiene por dentro y que lo está volviendo loco.

Doctora Polo, yo había intentado muchas veces presentarle amigas a mi hermano pero como todas se espantaban, ya me había dado por vencida. Hasta que al taller de costura llegó a trabajar una negra bien calentona que no tiene marido y mi amiga le comentó lo de mi hermano. La negra se ofreció a ayudarme. La invité a comer una noche. Ella se puso bien p... con mi hermano. Hasta le agarró sus partes varias veces, pero mi hermano la botó de la casa.

No sé qué hacer, doctora Polo. Tengo terror de que esta obsesión termine llevando a mi hermano a la cárcel.

¿Hay algún recurso legal que yo pueda utilizar? ¿Es mucho pedirle si manda una carta dirigida a Moisés? A lo mejor como usted es famosa y reconocida va y le hace caso, pero también tengo el temor de que entonces se obsesione con usted.

¡No sé qué hacer, doctora! ¡Ayúdeme! Muchas gracias. Que Dios la bendiga.

Caridad Ortiz

Estimada Caridad:

Antes que nada, te agradezco muchísimo la admiración y lealtad que sientes por *Caso cerrado* y por esta servidora, pero te digo de entrada que no sé si sea yo la persona indicada para lidiar con el tema de tu hermano Moisés. Creo que la ayuda de un psicólogo o de un psiquiatra sería lo más indicado. Sin embargo, trataré de, por lo menos, responder las preguntas "legales" en tu carta.

Me hubiera gustado saber un poco más sobre Moisés. Por ejemplo, ¿qué edad tiene? ¿A qué se dedica? ¿Ha sido arrestado alguna vez? ¿Cómo se entretiene en su tiempo libre? ¿Cómo fue su niñez?, etc. A través de mi profesión, me he dado cuenta que cuando consultamos a un profesional es sumamente importante incluir todos los hechos y detalles relacionados con el tipo de consulta que estamos haciendo. Por esa razón, muchas veces prefiero estar cara a cara para poder indagar todo lo que se me ocurra. No obstante, te responderé con la información que me provees.

Desde que comencé mi carrera en televisión, he descubierto el "CULTO A LA FAMA" entre los televidentes. Hay personas que forjan obsesiones con más facilidad que otras y en la mayoría de los casos estas obsesiones son inofensivas. Sin embargo, se ha dado el caso de obsesionados que llegan a ser peligrosos, como el tipo que asesinó a John Lennon y el que le disparó al Presidente Ronald Reagan, entre otros. Cuando me dices que tu hermano "siempre ha sido muy raro y de carácter cerrado", no sé realmente a qué te refieres. Quizás es muy sensible y no sabe la diferencia entre admiración y obsesión, como tu bien lo expresas, ¡o a lo mejor es un psicópata a punto de estallar! Eso no lo puedo saber con certeza.

Ahora bien, Caridad, "al César lo que es del César". Tu hermano no ha hecho nada que amerite una acción legal. No ha violado ninguna ley, ni código moral, ni parámetros de comportamiento que podamos considerar lo suficientemente ofensivos como para aplicarle algún tipo de remedio. Eso de comprar ropa interior usada por la Internet es ingenuo y medio tonto porque, en realidad, si está usada, sabrá Dios por quién. (También lo considero bastante asquerosito, pero cada cual tiene lo suyo.) Tampoco me parece que debes seguir tratando de empujarle mujeres a Moisés. Quizás debes proponerle ir a un terapeuta de familia para que los tres conversen y le puedas expresar lo preocupada que estás con su comportamiento y que él te diga si es una fantasía lo que siente u otra cosa.

Para poder someterlo a una evaluación psicológica involuntaria, acción legal regida por leyes estatales, él tendría que ser un peligro para otros, o para sí mismo. No creo que lo que me has contado es suficiente para satisfacer ese requisito legal, entre otros.

Con respecto a una carta para tu hermano, Moisés, aquí va:

Estimado Moisés:

Espero que al recibo de esta comunicación te encuentres bien. El propósito de ésta es que tu hermana, Caridad, me ha pedido que te escriba sobre el problema que ustedes enfrentan.

Es sumamente importante que le hagas saber a Caridad que lo que sientes por Niurka Marcos es una admiración desmesurada y no una obsesión que te pueda llevar a un acto criminal. Te pido que hagas este sencillo gesto por el bien y la unión de tu familia.

Atentamente,

Dra. Ana María Polo

Bueno, Caridad, ya está. Tómalo con calma, como dicen por ahí, y trata de abrir los canales de comunicación con Moisés, sin juzgarlo y ofreciéndole tu apoyo de hermana.

Gracias por confiar en mí.

Ana María Polo

Con una esposa no basta

Querida Dra. Polo: Las cartas secretas de CASO CERRADO

Un caso a cuatro cartas

Carta 1 – El hijo mayor

Doctora Ana María Polo:

Ante todo quiero enviarle un cordial saludo, así como agradecerle el tiempo dedicado a este caso que hoy nos ocupa y que para mí es muy importante porque representa el futuro de nuestra familia.

Doctora Polo, somos los legítimos dueños de una cadena de farmacias que durante más de 60 años le ha servido a la comunidad de nuestro país y que además es una de las más importantes del área. El negocio fue fundado por mi padre, un farmacéutico de la vieja escuela que dedicó toda su vida a trabajar y a hacer crecer la empresa familiar que fundó con el sacrificio de su trabajo y con la ayuda de mi madre. Sólo Dios sabe cuánto trabajo y privaciones pasaron mis padres al inicio de sus vidas y cuánto sudor, amargura y frustraciones dejaron en el camino antes de conseguir el éxito que hoy tienen nuestras farmacias.

Pero mi padre es un hombre de carácter un poco extraño que, si bien siempre tuvo pasión por su negocio y su familia, también buscaba esparcimiento y algo de aventura fuera de la casa y del trabajo. Déjeme explicarle, doctora Polo, para que no haya malentendidos. Todo lo que voy a contarle lo he ido conociendo por etapas porque él es muy reservado y esa vida a la que me refiero la ocultó siempre que pudo, no sé si para evitarle sufrimientos a mi madre, a quien quería mucho

y me consta, o si porque consideraba que su esfuerzo mere-
cía alguna recompensa que no estuviese ligada al hogar. En
realidad no lo sé y tampoco me interesa averiguarlo ahora.

La realidad es que cuando yo cumplí 20 años, mi padre ya
tenía 60 y mi madre 58. Como ya le dije, éramos y somos
personas de muy buena posición social y económica, y cuál
no sería nuestra sorpresa cuando mi padre se apareció en la
casa un día para decirnos que acababa de tener un hijo fuera
del matrimonio con una mujer con la que llevaba ya unos
años de relaciones. El impacto de la noticia fue muy grande y
yo tuve que consolar a mi madre por un tiempo y tratar de
entender a mi padre. Al final, el amor se impuso por encima
del agravio. Mi madre aceptó el hecho y yo comencé a considerar al bastardo como mi hermano. Mi padre le compró a
mi hermano y a su madre una casa que, por cierto, pagó al
contado y todos fingimos ser felices por 20 años más.

Aquí quiero hacer un alto para asegurarle que mi hermano y su madre fueron acogidos en mi casa como si fueran
familia. Mi mamá no los despreció nunca y jamás tuvo para
ellos un gesto despectivo.

Sabemos que mi padre se siguió viendo con su otra mujer, la
madre del bastardo, pero, como ya le dije, todos fingimos igno-
rarlo a pesar de que la prueba visitaba a diario nuestra casa y
uno de ellos le decía mamá a la mujer que debía sentirse ofendida
mientras que la rival almorzaba y comía en nuestra propia cocina. En mi presencia, por lo menos, mi padre nunca habló del caso
y mi madre y yo, menos. Mientras tanto, delante de todos, mi
padre le seguía profesando un amor incondicional a mi madre.

Las paredes son delgadas, doctora Polo, y cuando uno vive
en la misma casa con sus padres por tantos años, percibe

secretos que tiene que guardar y aprender a vivir con ellos. En mi vida he visto muchas cosas y me imagino que usted igual, pero no sé cómo podrá tomar el hecho de que la relación entre mi padre y mi madre en ocasiones a mí me parecía mucho más un cariño de hermanos que de marido y mujer. Y no es que faltaran caricias, pasión, ni pruebas de amor por parte de ninguno de los dos, pero es la forma en cómo se trataban y sobre todo la docilidad de mi madre para complacerlo en todo lo que tanto me molestó siempre.

Por ejemplo, él siempre fue un hombre muy glamoroso que le gustaba salir a la calle con su pelo negro y su bigote recién cortado oliendo a colonia fina, y nadie que no se fijara como yo en los asuntos familiares podría decir que detrás de cada detalle estaba mi madre. Ella era quien lo peinaba, le teñía el pelo y le cortaba su bigote. Claro, que luego ellos se encerraban en su cuarto y yo puedo imaginarme lo que sucedía allá adentro después de tantos años de convivencia, pero el secreto en realidad es impenetrable porque todo ha quedado grabado en la imaginación sin que nunca pudiera obtener una prueba visual de la real intimidad de mis padres. Lo único que puedo decirle es que, a pesar de la edad de ambos, todavía yo observo en el rostro de mi madre ese gesto de satisfacción casi imperceptible con el que durante años acostumbró a salir de su habitación después de una larga jornada encerrada con él.

Por eso a pesar de que la amante de mi padre y el bastardo se paseaban a diario por mi casa, todavía se me hace difícil creer que ese hombre haya tenido una relación extramarital tan consistente. Yo quiero que usted me perdone cuando hablo de mi hermano como el bastardo, pero sencillamente le estoy haciendo honor a la realidad. En la vida diaria yo nunca he tenido para él un gesto de desprecio y tampoco para su mamá. Por el contrario, he tratado por todos los medios de mantener el estatus que mis padres le dieron desde el primer momento. Hasta el día de hoy ellos han hecho caso omiso de la realidad, pero yo la he vivido día a día y le confieso que todavía me molesta mucho cuando me encuentro con alguno de ellos dos en los pasillos de mi casa.

Doctora Polo, dicen que uno nunca llega a conocer a los hombres si no los mira por dentro, y yo siempre veía a mi padre como un ídolo sin defectos, ignorando que el ser humano es mucho más complejo de lo que uno puede imaginarse. Hace poco tiempo nos enteramos que 20 años después de la aparición de mi hermano, el bastardo, mi padre volvió a tener un romance, esta vez con una mujer mucho más joven que le dio a luz una niña. Esta última aventura mi madre no la pudo soportar y me pidió por todos los medios que le gestionara el divorcio. Más de 50 años de matrimonio estaban a punto de terminarse por esa aventura de mi padre. Como la vez anterior, él le compró una casa a su hija que ahora tiene 3 años, y continúa manteniendo relaciones con la madre de la niña.

Doctora Polo, mi madre tiene 81 años y mi padre 83. Ella está desconsolada y me está pidiendo que le gestione el divorcio lo más rápido posible. Por supuesto que yo tengo el dinero necesario para iniciar cualquier tipo de trámite al respecto, pero antes quise consultar con usted porque he visto en la televisión su lado humano, como usted puede conjugar la profesión con la humanidad lo cual es bien difícil de encontrar en estos días. La pregunta principal que le hago es, si mi madre se divorcia ahora, ¿qué puede suceder con el negocio y con los hermanos que tengo producto de las relaciones extramaritales de mi padre?

En espera de su respuesta, queda de usted,

Un hijo preocupado

Querida Dra. Polo: Las cartas secretas de CASO CERRADO

Carta 2 – El hijo bastardo

Señora Polo:

Ya sé que mi hermano le escribió a usted preocupado, no por el matrimonio de nuestro padre, sino por el negocio de la familia. Leí la carta de él y tengo que decirle que gran parte de ella dice la verdad si se tiene en cuenta que él la está mirando de un sólo lado.

Yo no escogí a mi familia. Tampoco le dije a mi padre que quería nacer. Sencillamente él tuvo una relación con mi madre y digamos que yo soy el subproducto de la misma. Es cierto que la esposa de mi padre y mi hermano nos acogieron a mi madre y a mí en su casa sin reproches. Pero el amor, doctora, no se impone. Por el contrario, se conquista cuando la otra parte está dispuesta a ser recíproca. En mi caso, yo no lo sentí así. Siempre me sentí tolerado pero no aceptado en la casa de mi padre. Si en algún momento hubo una caricia por parte de mi hermano o su mamá, fue más por lástima que por otra cosa y yo llegué a sentirme como el patito feo del cuento en esa casa. Es más, mi padre se comporta allí como el resto de su familia, aunque cuando estamos solos él y yo o en la casa de mi madre, todo es distinto porque ahí él sí me muestra el cariño que yo también siento por él. Con mi madre la situación fue distinta y es algo que no le perdono ni a ella ni a los otros. La dueña de la casa o lo que es lo mismo, la esposa de mi padre, siempre buscó la manera de humillar a mi madre, que no sé por qué motivo aceptaba esta situación. Esa señora se vanagloriaba de regalarle a mi madre la ropa más vieja de su colección. Ropa que mi madre no se ponía, salvo cuando iba de visita a la casa. Me decía que era para complacer a la señora. ¿Complacerla con qué? ¿Con restregarnos en la cara que ellos eran ricos y nosotros pobres? No podré perdonarle jamás a mi madre que se hubiera sometido a ser denigrada de la manera tan baja como lo hizo esa señora. Durante todos estos años en que mi madre ha estado visitando esa casa, jamás la dejaron sentarse a la mesa con ellos, aunque no le negaran el alimento. Era como si quisieran demostrarle a diario que ella era la madre del hijo bastardo que nunca debió haber nacido. Yo siempre le he reprochado a mi madre esas visitas. Quien no me quiera a mí se pierde mis bondades, pero no le mendigo el cariño a nadie. Es más, yo escojo a quien vaya a quererme para no tener el compromiso de la reciprocidad. Y no es que quiera ser un rebelde sin causa, sino que esta vida que me impusieron, y la sumisión de mi propia madre ante ella, ha dejado indiscutiblemente una secuela de amargura en mí. Porque yo creo, doctora Polo, que los errores son circunstanciales y que una persona no puede tratar de enmendar lo que considera ha sido un fallo en su vida con una sumisión casi perfecta hacia la parte que ella cree que fue afectada. Es lo más parecido al "síndrome de Estocolmo" que yo haya visto. Y, por supuesto, que estoy hablando de mi madre y de la esposa de mi padre.

Ella tuvo una relación con mi padre. *Okay,* acéptelo y punto. Ambos gozaron en una cama y cuando lo estaban haciendo no pensaron si él tenía o no familia, si él estaba casado o no. Tanto gozaron que se descuidaron y nací yo, no precisamente por arte de magia. Entonces, doctora Polo, creo que ellos debieron asumir esa responsabilidad como adultos que son y en ningún momento condenar a un hijo a la humillación constante y tácita de que le griten bastardo con acciones, si no con palabras. No. Doctora Polo, yo no nací para vivir entre tanta hipocresía. Por eso he querido hacer siempre las cosas por mí mismo.

Un punto y aparte es mi medio hermano. Creo que sus intenciones conmigo han sido sinceras aunque siempre supeditadas al criterio de su madre, sobre todo cuando estamos en la casa. Recuerdo que de niño salíamos a jugar y su comportamiento era otro conmigo. Yo era el menor, por supuesto, y él me cuidaba y me aconsejaba. Por lo menos no recuerdo un sólo momento de esa época en que haya notado que él se sintiera abochornado por mi presencia. Lo mismo sucedió en su boda. Él nos invitó y aunque mi madre, por supuesto, hacía las veces de doméstica no oficial, yo participé en la corte. No fui el padrino de la boda porque no encajaba, pero sí dije mis palabras como hermano y sentí un trato distinto porque de no ser así, doctora Polo, no hubiera asistido a ese ceremonial en el que tampoco creo, pero que no es el motivo de esta carta.

Mi padre es un hombre bueno, doctora Polo, a pesar de lo que le he contado. En mi casa nunca ha faltado nada y desde pequeño él me ha costeado los estudios y todas mis necesidades sin que mi madre haya tenido que pedirle nada nunca aunque sí, como ya le he dicho, creo que todo en la vida tiene un precio y tanto mi madre como yo hemos tenido que pagar esa bondad.

Yo me gradué en la universidad de doctor en Farmacología y no fue el destino ni la casualidad lo que me llevó a escoger esa carrera. Lo hice porque quiero demostrarle a mi supuesta familia que yo también soy capaz de triunfar por mí mismo y de tener en el banco dinero suficiente como para vivir sin preocupaciones. Yo amo a mi madre, por supuesto, y aunque no la entiendo, en el fondo la perdono porque se ha sacrificado durante 20 años al lado de un hombre que vive una vida compartida mientras que ella vive sólo para él. No obstante, mi madre consideraba, y así me lo dijo muchas veces, que la relación entre ella y mi padre era sincera porque no había engaño. Y digo consideraba, porque luego de eso se ha enterado que yo también tengo una hermana secreta que tiene ahora 3 años y que mi padre no divide su vida en dos, sino en tres porque tiene otra mujer desde hace algún tiempo. Y yo me pregunto, ¿cómo puede hacer para vivir de esa forma?

Cuando mi madre se enteró de la hija bastarda, casi le da un infarto a pesar de que ella pensó que podía soportarlo todo. Ella, que siempre había vivido resignada a su papel de segundona, al fin hizo algo digno en su vida y no toleró haber sido engañada con esa otra mujer con la que, además, mi padre tiene una hija. Mi madre no quiere verlo más, doctora Polo. Dice que no le puede perdonar esa traición. Inclusive, cuando se enteró, ella fue a ver a la mamá de mi hermano y estuvieron hablando. Creo que fue la única vez en mis años de existencia en que las vi a las dos iguales, sin que una estuviera tratando de humillar a la otra. Cuando la esposa de mi padre dijo que se iba a divorciar de él, mi madre la apoyó y tomó la decisión de separarse también, de palabra, por supuesto, porque ellos nunca han estado casados. No he querido hablar con mi padre porque no puedo permitirle el daño que le está causando a la familia.

Doctora Polo, nunca he sido parte de los negocios de mi padre, y mi hermano se ha cuidado mucho de que yo no ten-

111

Querida Dra. Polo: Las cartas secretas de CASO CERRADO

ga participación alguna en ningún tipo de documento. Y yo soy demasiado orgulloso como para haberle preguntado ¿por qué? si ambos somos hijos del mismo padre y siempre nos hemos llevado muy bien. Pero ahora las cosas cambian, porque se avecina un divorcio y por supuesto que va a haber una separación de los bienes de la familia. Yo no quiero tocar nada de lo que le corresponda a mi hermano y a su madre. Creo que ellos tienen todo el derecho a disfrutar lo que ayudaron a construir. Tampoco quiero algo para mí porque, como ya le dije, solo he construido mi derecho a demostrarle a esa familia de lo que soy capaz. Pero creo que mi madre sí se merece algo por tantos años de sumisión y humillaciones. Mi pregunta, doctora Polo, es ¿qué participación podría tener mi madre en la parte que le corresponda a mi padre? Si le correspondiese a mi madre alguna parte, ¿tendría que compartirla con la mamá de esta hermana que me ha salido de sorpresa ahora?

Doctora, estoy bastante confundido y le agradecería que me ayudara con esa verdad que usted suele expresar en su programa.

Muchas gracias por su atención,

El hijo bastardo

Carta 3 – La otra

Doctora Polo:

A usted le han escrito muy bonito sobre este caso. No soy una persona instruida, pero conozco bien mis derechos y los de mi hija. Yo conocí a este señor hace más de cinco años y empecé a tener una relación con él a pesar de que es una persona mayor que podría ser mi abuelo. Pero bien, ése no es un punto que le interese a nadie porque es un capítulo de mi vida que no quiero compartir. Pero sí le voy a decir que el hombre, a pesar de su edad, se defendía muy bien en la cama y que nunca me dejó insatisfecha. Es verdad que él tenía sus antojos que yo le complacía, pero ¿de qué otra forma se puede mantener una relación con un hombre mucho mayor que una?

A mí no me interesa lo que diga la gente. Mis amigas al principio me felicitaron porque dicen que me había sacado la lotería, pero después empezaron a criticarme cuando vieron que la relación se extendía. No soy una mujer fea, doctora Polo, pero tampoco soy bonita y tengo los pies bien puestos en la tierra. Yo sé que los hombres de hoy en día nada más que están detrás de una para agarrarle lo que más les gusta, y después que se lo das, te dicen adiós y si te he visto no me acuerdo. Por eso yo le puedo decir que él es distinto. Y no porque no le guste cogerlo, porque todavía tiene para eso y le encanta. Es más, se lo voy a decir, los dos lo disfrutamos. A mí me da un poco de miedo a veces cuando él llega a la casa y se toma dos Viagra y me quiere llevar para la cama porque me parece que se me va a morir allí. Pero nada, que una se deja convencer y comienza a acariciarle sus pellejitos para esperar que la pastilla le haga efecto y cuando aquella cosita como que empieza a despertarse y le batuqueo mi cintura en su cara, él cambia por completo y se vuelve un hombre fuerte. Yo le puedo decir que de verdad nunca había visto una cosa así y créame, doctora, que he visto muchas en mi vida. Si vamos a hablar con la verdad tengo que decirle que es más el trabajo que paso para lograr que se le levante que el tiempo que tengo para gozarla. Pero el hombre sabe y con todas sus mañas hace que yo me venga hasta dos y tres veces cada vez. En eso el viejo pichea por arriba del *home*. Sobre todo cuando se quita la dentadura (él usa dientes postizos, no sé por qué no se ha hecho implantes con la plata que tiene, pero yo se lo agradezco) y así, con las encías me empieza a morder la c....., fenomenal. Ay, que me acuerdo de eso ahora mismo y lo extraño ya que hace más de 15 días que no lo veo.

Bueno, para no cansarla, el caso es que hace tres años él y yo tuvimos una hija y enseguida me compró una casa y empezó a darme plata para mantenerme a mí y a la niña. Lo único que me pidió fue que no le dijera a nadie y que tuviéramos discreción. Yo, como le dije, lo menos que quería era publicidad porque sabía que nadie me iba a entender y además, ¿para qué? Yo vivía bien con la niña y él me lo daba todo. ¿Qué más podía pedirle a la vida? Pero resulta ser que no sé cómo, la familia de él se enteró que la niña existía y, como dice una argentina vecina mía, se ha armado un quilombo de para qué te cuento. A mí no me gustan los problemas porque ya tengo que aguantar bastante cuando salgo a la calle con él y la gente empieza a mirarnos. Pero bueno,

Querida Dra. Polo: Las cartas secretas de CASO CERRADO

tampoco soy de las que se acobardan. Así que cuando la mujercita ésa de él y la otra querida, ah porque déjeme contarle que él tampoco es tan santo y su mujer le ha aguantado más tarros que un venado. Entonces le contaba que la mujer y la querida vinieron a verme una tarde y yo al principio me quería morir de la vergüenza, pero después dije "que se pudran" y sí, se lo conté todo a las dos sin negarles nada. Es más, les enseñé a la niña para que la vieran y no fueran a estar diciendo por ahí que era mentira.

Ay, doctora, en qué clase de lío me metí. Primero vino a verme el hijo mayor de él, que está bien bueno y parece un actor de esos de telenovela, pero cuando abrió la boca fue nada más que para ofenderme y empezarme a decir cosas que yo nunca pensé que tuviera que oír. Me amenazó con mandarme un abogado y armarme una culebra para quitarme hasta la casa donde estamos viviendo. Y eso es una cosa que yo no voy a permitir, porque esta casa es de mi hija, y el viejo se la compró con su dinero. Así que no lo dejé hablar más y le tiré un florero que me rompió una ventana a mí y que no le dio a él. Pero el muy bonito agarró miedo y se fue. Para qué le cuento, es como si todos se hubieran puesto de acuerdo. Al otro día se me apareció un flaquito ahí con tipo de mariquita y era el hijito de la querida con el mismo cuento del hermano. A ése no lo dejé hablar mucho porque era gallito y no agarró miedo. Le cerré la puerta en la cara y ahí sí que amenacé con llamarle a la policía porque empezó a gritarme las cosas desde afuera y ya le dije que yo no quiero que nadie se entere de mis problemas.

El verdadero problema lo tuve con mi viejito cuando vino por la casa y yo empecé a reclamarle. De verdad que él es una persona decente y a mí después me dio pena el escándalo que le había montado, pero ya lo había hecho y no me iba a arrepentir. Yo me lo quise llevar a la cama para que nos reconciliáramos, pero él no quiso y me dijo que habíamos terminado. Entonces sí que se armó la gorda. Me dio pena con los vecinos porque fueron como tres escándalos seguidos, pero creo que no había remedio porque yo no fui la que empecé las cosas. Además, aquí todo se hizo de común acuerdo, yo no lo obligué a él a acostarse conmigo y lo que nunca me pude imaginar es que me preñara a su edad pero, pues bien, lo hizo y yo le parí. Somos adultos los dos, ¿no es verdad? Así que a lo hecho pecho. Pero eso sí, la niña no tiene la culpa de nada y para ella yo quiero lo mejor.

Unos días después de aquella bronca, él volvió a la casa y andaba bien tranquilito. Me dijo que se iba a divorciar de la mujer porque ella se lo había pedido. Yo me entusiasmé, se lo digo de todo corazón que me puse de lo más contenta porque pensé que me iba a proponer matrimonio pero no me dijo ni esta boca es mía. Es más, que me desnudé delante y empecé a bailarle como a él le gusta y no me hizo caso. Me dejó dinero para la niña y para mí y se fue. Me dijo que estuviera tranquila porque nunca me iba a faltar nada mientras él estuviera vivo. Tremendo consuelo que me dio porque el desgraciado tiene 83 años.

Por eso le estoy escribiendo, doctora. Para que usted sepa la verdad de primera mano y me aconseje qué debo hacer. Porque si él se divorcia ahora, seguro que su familia le va a querer quitar una buena parte de su negocio. ¿Y mi hija qué? Porque también es su hija. ¿Esa niña no tiene derecho a recibir parte de su fortuna? ¿Y yo como madre qué? ¿Tampoco tengo derecho? Le voy a decir a usted, doctora Polo, que no me voy a estar quieta hasta que no me den lo mío, lo que me toca a mí y a mi hija. Y no es que quiera heredarlo en vida, sino que nadie me va a quitar a mí lo que me toca. ¿No es así?

Por eso, doctora Polo, le estoy muy agradecida si me aconseja y si no también porque por lo menos me ha aguantado toda esta perorata que le he dado. Pero eso sí, doctorcita, las viejas y el m.......... ese que se preparen porque no saben con quién se están metiendo.

Se lo digo yo que soy una madre e..........

Carta 4 – La esposa

Estimada y reconocida letrada:

Ya sé que mi hijo y otras personas involucradas en este caso le han escrito y yo, como parte bien directa, no deseo quedarme atrás. Además de que nadie en esta vida debe prescindir de sus sabios y justos consejos. Así que también he querido contarle a usted no digamos ya mis problemas, si es que acaso tengo alguno, sino la verdad de los hechos y de paso hacerle unas preguntas que le agradecería mucho me respondiera.

En este caso usted y yo nos parecemos, porque a mí me sorprendieron desprevenida y me envolvieron en él y usted se ha visto rodeada de anécdotas y preguntas que han tomado por asalto su buena voluntad. Por suerte es usted una persona bien discreta, profesional y sobre todo justa. Por tanto cuando me invitó a que le escribiera mi versión de los hechos sin escatimar detalle, no dudé ni un instante y comencé a redactar estas líneas.

Primero que todo, doctora Polo, le pido que se olvide de la palabra divorcio. No existe ninguna posibilidad de que yo me divorcie y se lo voy a explicar más adelante. Ahora prefiero ir por pasos en orden cronológico para que me comprenda mejor.

Mi esposo y yo llevamos 50 años de casados. Nos conocimos cuando éramos muy jóvenes y noviamos por largo tiempo como solía ser en aquel entonces. Él era un hombre muy bien parecido, como es ahora nuestro hijo al cual usted ya conoce. Celebramos una boda humilde porque éramos pobres pero nos queríamos mucho. Ambos trabajábamos en el giro farmacéutico. Como usted ya sabe, con el tiempo construimos un imperio que gracias a Dios todavía se conserva y que mi hijo lleva muy bien en la actualidad. Mi esposo siempre fue un hombre alegre al que yo seguí a todas partes. Él me decía que no se hallaba sin mí y yo tampoco me imaginaba la vida sin él. Siempre lo cuidé, aún en los momentos más difíciles. A él le encantaba el coqueteo y le tenía miedo a las canas. Su mayor placer lo sentía cuando yo le teñía el pelo y después le daba masajes. Para eso nos desvestíamos y hacíamos una especie de ritual donde siempre terminábamos haciendo el amor. Yo le acariciaba su cabellera y él se estremecía y ahí mismo le comenzaba una erección que podía durarle varias horas. Mientras le pintaba el pelo, yo lo tocaba en sus partes más duras y se lo acariciaba con el mismo movimiento con que le alisaba el cabello con la otra mano. Después venía el momento del masaje con aceites especiales muy tibios que pasaba por todo su cuerpo lentamente en una especie de caricia interminable que él se dejaba hacer. Ese era el momento en que él pasaba sus manos por mi cabello largo y se volteaba para poner su boca en mi fuente y yo me sentía como si fuera un regalo que Dios mismo me estaba dando. Después de tener dos o tres orgasmos de esa forma él me penetraba muy suavemente siempre mirándome y con un pequeño movimiento circular me recordaba que estaba todo dentro de mí. Nunca hacía el sexo con violencia, todo lo contrario. Mis mayores orgasmos siempre los sentí escuchando su respiración en mis oídos y percibiendo en la vagina los latidos de su corazón que se reflejaban en latidos de esa parte de él que estaba dentro de

Querida Dra. Polo: Las cartas secretas de CASO CERRADO

mí. Y lo mejor de todo es que nunca dejamos de hacerlo. Por eso cuando él se apareció en la casa diciéndome que tenía un hijo con otra mujer, yo no sólo lo perdoné, sino que dejé al muchacho deambular por todo mi hogar cuando quisiera. De esa forma él no tenía excusa para no darme el tiempo que yo necesitaba porque siempre nos hemos amado todos los días sin faltar uno solo.

Las cosas cambiaron hace poco, cuando ya lo vi destruido y por primera vez en nuestra relación, él dejó que yo le tiñera el pelo y le diera masajes sin tener aunque fuera una mínima erección. Yo soy mujer, doctora y mis años no han pasado en vano. Por eso supe enseguida que había gato encerrado. Él nunca fue un hombre de peleas ni de discusiones, por lo que yo sabía que no me diría la verdad si le peleaba. Intenté por las buenas y quise tenerlo dentro de mí una vez más, pero él se justificaba diciendo que estaba cansado y le dolía la cabeza. Tonterías, doctora, yo he leído demasiadas novelas en mi vida para saber cuando un matrimonio anda mal, y el de nosotros, por lo menos, no andaba bien en ese momento. Entonces contraté los servicios de un detective privado que lo siguió. Doctora y cuál no sería mi sorpresa cuando me dijeron que mi esposo tenía una hija de 3 años con una mujer que podía ser su nieta. Todavía me acuerdo y me pongo roja de rabia.

A mí la niña no me molesta para nada, de verdad se lo digo, porque la pobre criatura no tiene la culpa de tener un padre que pudiera ser su bisabuelo. Pero la madre, y me perdona la expresión, doctora Polo, es una p... Sí, porque que no me vaya a decir ahora que estaba enamorada de un viejo de 87 años que, entre otras cosas, es millonario y le regaló una casa. Aunque él no se conservaba nada mal, hacía algún tiempo que estaba ridículo con su pelo y su bigote pintado de negro y las camisitas apretaditas como si fuera un *teenager*. Está bien que lo hiciera para mí, que tengo casi su misma edad y que lo he visto tantas veces desnudo que me conozco de memoria todas sus arrugas. Pero, doctora Polo, con otra mujer, eso sí que no. No podía volver a tolerar lo que me hizo cuando mi hijo cumplió 20 años y estaba repitiendo ahora 20 años después. No, se lo juro que no. Por eso le dije a mi hijo que me tramitara el divorcio. Pero cuando él se enteró volvió a mí y empezó a ser el mismo hombre que yo siempre conocí.

Fue él quien me propuso retomar las sesiones de teñido de pelo y de masajes y a pesar de la edad, doctora, hicimos el amor, no con la frecuencia de antes pero sí con el mismo placer de los viejos tiempos. Yo sé que todos están preocupados por la distribución de los bienes cuando se anunció lo del divorcio. Pero ya le dije, doctora, que no puedo divorciarme porque hace tres días que él se murió. Y terminó su vida en el preciso instante en que estaba totalmente dentro de mí. Sencillamente eyaculó, doctora Polo, puso su cara junto a la mía y dejó de respirar. Yo le cerré los ojos dormí toda la noche con él a mi lado, al amanecer lo vestí para anunciarle a nuestro hijo la triste noticia y desde entonces no he dejado de llorar.

Ayer lo cremamos, doctora, y de acuerdo a su última voluntad esparcí sus cenizas en el mar. Sola en la casa comencé a leer una carta que me había dejado donde me decía, entre otras cosas, que las dos casas que compró estaban a nombre de los hijos que nunca reconoció y que no fueron inscritos con su apellido. Que todas sus transacciones fueron en efectivo, que jamás dejó un cheque firmado a ninguna de las mujeres que tuvo fuera del matrimonio y que la niña y el otro hijo tienen cuentas bancarias abiertas por terceras personas que ya no viven. No hay un sólo elemento legal que lo una con algo habido fuera de nuestro matrimonio y creo que tampoco van a encontrar la posibilidad de hacer una prueba de ADN porque no hay restos para sacar una muestra.

Mi pregunta para usted, doctora, es: ¿Debo yo hacer algo por aquellos que sabiendo que él era un hombre casado aceptaron que me traicionara? ¿O sencillamente debo preservar para mi hijo el imperio que levantamos mi esposo y yo con una vida de sacrificios aunque también de placer?

Le agradecería su respuesta como también le agradezco el gesto de invitarme a escribirle.

Sin más, se despide de usted,

La viuda que tiene una duda razonable

Estimados todos:

A ustedes, los relacionados con el octogenario fértil, problema clásico en la jurisprudencia estadounidense, les digo que lo cierto es que hay hombres que son padres y otros sementales, y lo interesante de este caso es que me dan la oportunidad de comentar sobre varios temas legales que nos afectan y ocurren más de lo que sospechamos, así como sobre otros problemas de "valores" que tenemos o carecemos, pero que repercuten con fuerza en la vida.

Hay quienes piensan que un hombre que compra una casa a los hijos y ayuda a mantenerlos mientras vive es un buen padre. Pero uno que engaña a la esposa con una amante con quien tiene un hijo, y luego engaña a la esposa y a la amante con OTRA AMANTE que pudiera ser su nieta, y tiene una hija con ésta, que pudiera ser su bisnieta, ES UN SEMENTAL. Porque este señor, QUE DE BOBO no tenía un pelo —NI DE LOS TEÑIDOS POR LA ESPOSA— supo muy bien cómo hacer sus cosas para no afectar la fortuna de su esposa, pero no fue buen padre con ninguno de sus hijos. Es imposible que pudiera compartir con alguno cuando se esparcía tanto entre sus mujeres y su negocio. Adicionalmente, no puedo creer que cuando procreó a la niña que ahora tiene tres años, él pensaba vivir veinte más. Para algunos eso lo hace un viejo verde e irresponsable y para otros un "milagro de la naturaleza", que al fin y al cabo le dejó mucho más a esa niña que muchos padres jóvenes y vivos que renuncian a su responsabilidades financieras y prefieren ir presos que ayudar a mantener a los hijos que engendraron con placer.

En fin, es muy difícil juzgar el comportamiento de alguien en una situación QUE HA TERMINADO con la muerte del hombre en sus vidas. Algunas de las inquietudes legales se resuelven con su muerte, y otras son independientes a su muerte. Lo cierto es que en cada una de sus cartas hay verdades profundas que me permiten· entrever QUE TODOS fueron parte de una historia y cómplices de UN AMOR.

A ti, "hijo preocupado", te confirmo que en lo legal, no tienes de qué preocuparte, pues has nacido dentro de un matrimonio y eres heredero legal, junto con tu madre, del imperio farmacéutico que ya manejas. Tu inquietud queda entonces respondida en la carta de tu madre, la viuda. Al morir tu padre casado con tu madre, el divorcio es IMPOSIBLE. Además, puedo especular que tus padres tomaron los pasos necesarios para asegurar que todos sus bienes fueran repartidos como ellos desearon a través de un testamento o fideicomiso, y que consultaron con abogados que se especializan en esta rama de la ley. Me parece que ambos eran seres informados porque, de otra manera, no habrían triunfado en los negocios. Pregúntale de eso a tu madre. Ahora bien, en tu carta hay reflexiones muy acertadas de un hombre que justifica el comportamiento de sus padres después de analizarlo. Dices: "uno nunca llega a conocer a los hombres si no los mira por dentro y yo siempre veía a mi padre como un ídolo sin defectos, ignorando que el ser humano es mucho más complejo de lo que uno puede imaginarse". A tu madre también la juzgas cuando dices que te molestaba su docilidad con tu padre después de la traición en que resultó el que despectiva y antisépticamente llamas "el·bastardo" y al que en el fondo resientes, como es obvio por el tono de carta.

Para ti, "hijo bastardo" (¿por qué te pones etiquetas a ti mismo?), la respuesta rápida y cruel a tu pregunta legal es ¡NADA! Tu madre no tiene derecho a nada y la ley es así, clara. Aunque no me especifican el lugar donde ocurrieron los hechos o la jurisdicción, como regla, "la amante" no tiene derecho a los bienes de su querido, a menos que éste se los hubiese dado en vida. O sea, que ya sabes que a la madre de la pequeña de tres años tampoco le toca NADA. Por eso abogo tanto por la educación e intento educar un poco a través de *Caso cerrado*. De hecho, me parece conformista de tu parte que no estés considerándote heredero del imperio farmacéutico, ya que en realidad esa batalla legal sería sumamente complicada y al final, este hombre cumplió con sus obligaciones financieras contigo sin que nadie se lo exigiera. Ya eres adulto, con más de 18 años, y afortunadamente tienes una profesión.

El porqué tu madre se conformó con las migajas que tu padre y madrastra le concedieron, sólo ella te lo puede explicar. Pero te digo que cada persona tiene su medida de lo que necesita y quiere, aunque no estemos de acuerdo o tengamos otras expectativas.

A la nueva amante le informo que, como madre de una hija, no tiene derecho nada más que a la manutención de una hija reconocida legalmente por el padre putativo a través de una sentencia final de paternidad, que en su caso puede resultar imposible si no hay manera de probar la paternidad con ADN o un historial de pagos de manutención con cheques. Además, ¿qué estabas pensando? ¿Que el viejito duraría hasta los cien años? La medicina está avanzada, pero no tanto. A mí me parece que tú sabías perfectamente en lo que te estabas metiendo y si no lo sabías, te aconsejo de todas formas que te analices con un profesional porque estás falta de "padre" o de "abuelo". Puedes alegrarte que el viejito tuviera la generosidad de dejarte un hogar pago, y tú estás joven para mantener a la hija que decidiste tener con un hombre de 83 años. Cuando dices que tus amigas te decían que te habías sacado la lotería, para mí es evidencia de que eres una aprovechadita. Y "te cogiste el c... con la puerta", como dicen vulgarmente por ahí. Como te debes haber enterado por la carta de la viuda, este viejito a quien tú llamas "decente" era tremendo mentiroso y j......, para que me entiendas claramente. Mandó a que lo cremaran para no dejar ADN, nunca inscribió a sus hijos extramatrimoniales, y todo lo pagó en efectivo para no dejar evidencia por escrito.

A usted, "viuda con duda razonable", le confieso que me sonrojé con lo explícito de sus confesiones sexuales. Le admito que aunque he escuchado de

TODO a través de mi vida, estas aseveraciones íntimas de una señora de su edad son vergonzosas para mí. Lo que usted me pregunta es TOTALMENTE moral. Es usted la que debe decidir, como lo ha hecho a través de su vida sin necesidad de consultas, si quiere compartir o no los bienes que acumuló con su esposo. Pero déjeme aclararle que ninguna de esas dos mujeres "aceptaron" traicionarla porque la traición fue cometida por su esposo, el que le debía lealtad. ELLAS NO tienen obligación con usted. Así es que le dejo esa consideración a su CONCIENCIA.

Al final de cuentas, usted sabía muy bien lo que estaba pasando, y LO ACEPTÓ.

Para mí, la moraleja de esta historia es esta: EL AMOR ES CAPAZ DE TODO, SÓLO TENEMOS QUE CONSIDERAR DE QUÉ SOMOS CAPACES NOSOTROS POR AMOR. En su caso, mi querida señora, la respuesta está clara.

Les deseo suerte,

Dra. Ana María Polo

Apreciada doctora Ana María Polo:

He visto su programa *Caso cerrado* en muchas ocasiones y me he dado cuenta de que usted es una mujer moderna, sin prejuicios, capaz de comprender las situaciones más complejas y extraordinarias que se le presentan día a día en su *show* de televisión. Por ese motivo, acudo a usted en busca de ayuda profesional, pues creo que cualquier otro abogado o juez no tendría la mente tan abierta como para entender mi posición.

Como en el programa dice que hay que dar la información básica de uno si se quiere salir en el programa, pues le cuento que mi nombre es Aurelio Domínguez, tengo 47 años y soy vendedor profesional. A eso se dedicó mi abuelo, a eso se dedicó mi padre y a eso mismo me dedico yo desde muy muchacho. Me considero un vendedor de pura cepa. Soy capaz de vender cualquier cosa, desde útiles de cocina hasta vibradores sexuales, ropa de vestir, comida enlatada, autos usados y máquinas de cortar yerba. En fin, soy capaz de venderle al mismísimo espíritu santo una cruz nueva donde agonizar si la oportunidad se me presenta.

Mi oficio de vendedor me obliga a viajar constantemente porque no represento a una sola compañía, sino a cualquier fábrica o empresa que contrate mis servicios en busca de mercados nuevos. He recorrido todos los países de América Latina vendiendo productos, e inclusive viajé a la China una vez para venderle papel satinado a la nueva generación de chinos, a quienes admiro mucho, pues han dejado atrás los lemas de Mao Tse-tung por los lemas de McDonald's y Burger King.

Doctora Polo, como usted puede imaginar, mi constante travesía al exterior fue un obstáculo para crear una familia estable en mi país de origen. Eso no impidió mis constantes amoríos con mujeres de toda clase y nacionalidad. Soy un hombre elegante, aficionado a la lectura, culto, con una personalidad que atrae a las mujeres como moscas al azúcar. Me gusta vivir la vida al máximo, y para mí no existe mayor placer en este mundo que hacerle el amor a una buena hembra. He llevado a la cama a miles de mujeres y puedo decirle con orgullo que, aunque he olvidado los nombres de la mayoría, recuerdo con placer que todas quedaron satisfechas en la cama. He disfrutado de mujeres de todo origen, tamaño y raza. Me he acostado con peruanas de Lima, con bolivianas mascando coca, con mexicanas del DF, con colombianas comunistas, cubanas fidelistas, con negras africanas de senos enormes y vulvas velludas, con venezolanas de calzoncitos rojos a las que sodomicé mientras gritaban que su macho era Chávez. En una ocasión, a punto estuve de tirarme a la presidenta de los argentinos, ésa cuyo marido tiene un ojo mirando para Alaska y el otro para la Patagonia, pero gracias a Dios un amigo íntimo me sacó de la Quinta de los Olivos antes de que cometiera lo que de seguro habría sido el suicidio. Hace dos años, estando en China vendiendo papel higiénico y, como parte de mis servicios, les lavé el clítoris a varias chinas, tres de las cuales terminaron en mi suite de hotel. Aquella noche disfruté de una orgía increíble, gracias a los camaradas del buró político comunista.

Doctora Polo, estoy seguro de que usted se está preguntando el propósito de mi carta. A eso vamos. Como le acabo de contar, soy un hombre bendecido. Mi talento para convencer a otro ser humano de comprar un objeto es el mismo talento que aprovecho para convencer a una mujer para que se desnude y abra sus hermosas piernas. Sin embargo, después de tantas mujeres y orgasmos, por mi cabeza comenzó a revolotear la idea de crear una familia.

Todo comenzó hace seis años durante un viaje de regreso a Guadalajara. Un año antes tuve el privilegio de conocer a Ibeth, una chica de 21 años con la cual tuve un romance. Al volver a México por segunda vez, me la encuentro embarazada. Ella me juró que yo era el autor de la barriga y cuando la criatura nació y realizamos las pruebas del ADN, no hubo duda de mi paternidad. Yo acepté el nuevo reto, e inclusive me casé con Ibeth para la tranquilidad de sus padres. Compré un apartamento para ella y mi hijo. Por supuesto que yo continué con mis constantes viajes, pero al menos tenía por primera vez en mi vida un lugar que podía llamar "hogar".

Al cabo de unos meses, se repitió el mismo episodio. Estando de paso por Caracas, me tropiezo en una feria de productos lácteos con una chica con la que meses antes había tenido una noche de pasión que, bueno, pues, ¿para qué contarle? Dolores me abrazó y al instante me di cuenta de lo abultada de su barriga. Me aseguró que yo era el padre de la criatura. Pero para mi asombro, Dolores me explicó que ella se dejó el embarazo porque lo quiso, que ni estaba obligado a reconocerlo, ni ella necesitaba ayuda de ningún tipo. No le importaba ser madre soltera, lo que por lo visto es algo muy común hoy en día. Es cierto que Dolores es una profesional, gana buen salario y para mí fue un alivio escuchar sus palabras. Sin embargo, doctora Polo, en el viaje de regreso a México, me sobrevino un sentimiento de culpa muy grande. En mi código moral, en mis normas como hombre, dejar a una madre y su criatura a la buena de Dios es un pecado mortal. ¿Cómo vivir tranquilo sabiendo que un heredero de tu sangre necesita tu apoyo? ¿Cómo dormir en paz sin saber si tu hijo necesita dinero, atención médica o ropa para vestir? Todas estas preguntas atacaron mi conciencia. Y a los dos meses regresé a Caracas, le pedí a Dolores su mano en matrimonio y así sembré los cimientos de mi segundo hogar.

Estos dos matrimonios, como quien dice, fueron causa del azar. Me encontré con dos ex amantes embarazadas con mis descendientes y decidí asumir la responsabilidad. En cambio, tengo que admitir que el tercero y el cuarto fueron obra de mi fabricación. Declaro con orgullo y sin vergüenza que el hecho de tener dos esposas en dos países distintos aumentaron mi autoestima a niveles insospechados. Tuve que tomar medidas, como por ejemplo cambiar mi billetera, pues había una con fotos de mi mujer de Guadalajara y otra con mi caraqueña. Hubo veces en que confundí los nombres, pero Dolores pensaba que Ibeth era una compañera de oficio y viceversa. Fui navegando esas aguas con tremenda agilidad, y cuando decidí crear el tercer hogar ya era todo un experto.

Mi tercera esposa se llama Rosa. Es española de origen gitano, una flamenca de pura raza, residente en Los Ángeles. Rosa es artista. Baila en diferentes restaurantes y participa en obras de teatro. Antes de conocer a Rosa, yo me había acostado con artistas, pero desde la primera noche que probé los encantos de esa gitana mi vida sexual cambió para siempre. La conocí durante una cena de negocios en un restaurante típico español. Rosa bailó ante nuestra mesa y al terminar la invité a unas copas. Para mi asombro era soltera y sin hi-

Donde cabe una, caben cien

jos, a pesar de estar en los treinta. Tiene un pelo negro, largo y grueso, y unas pestañas oscuras que te roban el corazón. Al día siguiente la invité a cenar y antes de llegar a mi cuarto de hotel, en el mismo coche, empezamos a comernos a besos y a chuparnos la vida mutuamente. Antes de continuar, quiero confesarle que tengo obsesión con dos atributos físicos femeninos: los senos de pezón oscuro y las "bembitas" sin afeitar. Quizás es porque de viajar tanto, me volví muy culto en las diferencias entre las mujeres de cada país y comencé a asociar esas cosas con las mujeres más ardientes a las que he logrado convencer de que me abran las piernas de par en par, jadeando y pidiendo que les haga lo que quiera. El caso es que Rosa era única, su sexo velludo hermoso, sus pezones oscuros una delicia. Su voz, triste y melancólica mientras hace el amor, me hace recordar tiempos remotos, pasiones de leyenda. En fin, doctora Polo, que cuando Rosa me pidió establecer un hogar conmigo, no tuve fuerzas para negarme. De todas maneras, donde caben dos caben tres y mi corazón es tan grande que todavía cabía otra mujer más.

Por aquel año, Ibeth, mi primera mujer, me dio un segundo hijo. Lo bautizamos con el nombre de Pedro, como mi abuelo. Ella estaba muy feliz. Su familia me adoraba y yo traté por todos los medios de estar presente en todas las fechas importantes. En el verano de aquel año, precisamente en el mes de agosto, viajé a La Habana como enviado de una empresa de arroz. Se celebraba una feria internacional en EXPOCUBA. Yo había establecido ciertos contactos con personal del gobierno cubano y esta empresa me pidió ayuda para intentar venderles a los cubanos varias toneladas de esa marca de arroz. La feria fue un éxito. En menos de una semana cerré un contrato bastante lucrativo. Un amigo cubano, de nombre Pavel, que me acompañó durante la estadía, me invitó a una fiesta en su casa. Era el bautizo de uno de sus hijos en la religión Yoruba. Un sábado me pasó a buscar por el Hotel Nacional y juntos partimos en mi coche rentado hacia un barrio de La Habana Vieja. Allí, en una enorme casona colonial, estaban reunidos todos los miembros de su familia y amistades. La fiesta fue muy buena. Al cabo de un tiempo llegaron unos negros con tambores, acompañados de unas mulatas, y se formó tremenda rumba. Nunca antes fui testigo de una rumba callejera como aquella. Los negros le daban al cuero y las hembras saltando y moviendo las caderas. Pensé que se iban a morir las pobres. De todas, me llamó la atención una de ellas. Se llama Yamilet, y recuerdo que me encantó el nombre porque me recordaba a Ibeth. Tenía 23 añitos, una piel color miel, unos ojos pardos muy profundos. Pavel me la presentó y ella, al rato, para mi asombro, bebió un buche de ron de una botella y me pidió que abriera mi boca. Chorrito a chorrito pasó todo el ron de su boca a la mía y acto seguido secó con su lengua todo el ron que salpicó mi cara. Doctora Polo, es poco lo que le puedo contar. Me entró una cosquilla en el bajo vientre y el deseo tan fuerte de poseer a esa mulata que no tengo palabras para describírselo.

Terminé llevándola para mi habitación del Hotel Nacional. Antes de penetrarla, ella me dijo que no era una cualquiera, que si ella me entregaba el cuerpo era para siempre, es decir, que tenía que casarme con ella, si no, no había cajita, así me dijo. Yo en el desespero acepté todo y no me lamento. Yamilet se mueve en la cama como una diosa africana. Se entierra mi pene entero y sacude las caderas de una forma endiablada, como una centrífuga, no sé, es una locura. Cuando salí de Cuba prometí regresar pronto. Cumplí con mi palabra. Dos meses después me casé en la casa *La Maison* con Yamilet y celebramos la fiesta por todo lo alto. Ella es mi diosa, y la adoro como adoro a mis otras tres mujeres. Recorro Latinoamérica para ver a mis reinas y ahora planeo sacar a Yamilet de Cuba y ubicarla en Miami.

El problema es que hace un año, Ibeth descubrió a mi esposa caraqueña y hasta tuvo el coraje de llamarla por teléfono. Primero me exigió terminar con Dolores y buscarme otro empleo en Guadalajara ¿Pero cómo voy a hacer algo así? ¿Quién se ocupa de mis mujeres y mis otros hijos? Finalmente, hace dos meses, al regresar de uno de mis viajes, encontré el apartamento vacío. Ibeth se marchó con mis dos hijos para casa de un hombre en Arizona, pues dice que se enamoró del p..... gringo c..... y no quiere saber nada de mí, que va sacar los papeles para legalizarse allá y vivir una nueva vida.

¿Qué puedo hacer, doctora Polo? Estoy seguro de que usted es una de las pocas personas que me entiende en el mundo. Desconozco las leyes de paternidad en Estados Unidos, pero estoy seguro de que ella no tiene ningún derecho de quitarme a mis hijos, así yo esté casado con otras mujeres. ¡Por favor, ayúdeme!

Sinceramente,

El vendedor de amor

Querido Vendedor:

Tu carta renueva en mí la consideración del clásico dilema sobre la naturaleza humana que comprende la monogamia versus la poligamia. Se sabe que en el mundo animal hay casos de monogamia pero son escasos. La monogamia tiene cuatro clasificaciones: social, sexual, genética y marital. Y TÚ, a diferencia de muchos animales, las abarcas todas. Tal parece que DIOS cometió un error de geografía contigo, puesto que vives en un lado del mundo donde los polígamos no abundan y la bigamia es ILEGAL. Además, con el pasar de los años, tu cuerpo y mente se irán cansando y no sé cómo podrás mantener el agitado tren de vida que llevas.

Ahora, hablemos sobre el problema legal que expones. Dices que desconoces las leyes de paternidad en Estados Unidos y que tus otros matrimonios no afectan la custodia de tus hijos. Las leyes que aplican a tu caso en Arizona no son de paternidad, son de DIVORCIO. Para los efectos legales, el ÚNICO matrimonio válido es el de Ibeth, los otros tres son ANULABLES porque cometiste BIGAMIA (casado con dos mujeres a la vez), bueno, en tu caso POLIGAMIA, que es ilegal en los Estados Unidos. Sin embargo, eso no te quita la obligación de mantener a tus hijos ni el derecho de que te visiten, pero SÍ le da el derecho a Ibeth de divorciarse y de rehacer su vida con quien le dé la gana, así sea con "UN P..... GRINGO C....." como dices tú. AHHHHHH y eso que Ibeth sólo sabe de tu matrimonio con Dolores en Venezuela. Cuando se entere de Rosa y Yamilet....¡sabrá Dios!

Debes trasladarte a Arizona y buscar un buen abogado de divorcio, que sea tan buen vendedor como tú, para que convenza al juez de que eres un buen hombre, capaz de amar y responsabilizarte por tus cuatro mujeres e hijos. Lo más seguro es que el juez piense que eres un oportunista degenerado, mentiroso y desgraciado. Debes comprender que los jueces no tienen la mente tan amplia como la mía...

Al fin de cuentas, estimado Aurelio, "el que mucho abarca, poco aprieta" y, muy posiblemente, cuando Ibeth, Dolores, Rosa y Yamilet descubran tu gran traición, te quedaras más solo que el UNO.

Te deseo buena suerte. Falta te hará.

Dra. Ana María Polo

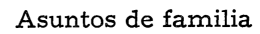

Asuntos de familia

Querida Dra. Polo: Las cartas secretas de CASO CERRADO

Doctora Ana María Polo:

Usted no tiene idea de la vergüenza tan grande que siento al escribirle esta carta. Nunca antes en mi vida me he sentido tan sucia, tan maligna y perversa. Nunca antes me arrepentí, como ahora lo hago, de toda mi vida pasada. Me arrepiento de haber conocido a mi esposo Edgar. Me arrepiento de haberme casado con él y, más todavía, me arrepiento de haberle dado dos hijas. Y es que toda mi vida, desde hace veinte años a la fecha, ha sido una vida de mentiras y secretos. En fin, una vida criminal.

Mi nombre es Tamara G. Tengo 39 años, y estoy casada con mi esposo desde hace diecisiete años. Tenemos dos hijas fruto de nuestro matrimonio. La menor tiene 13 años y la mayor 16. Ellas son mi mayor orgullo y lo único que realmente valoro en mi vida. Ellas son el motivo de esta carta, pues estoy a punto de tomar una decisión que estoy segura las va a perjudicar por el resto de sus vidas. Quiero divorciarme de mi marido Edgar. Estoy reuniendo la mayor cantidad de pruebas para presentarlas en la corte de divorcio, pero no me caben dudas de que esas pruebas terminarán en una corte criminal. Porque mi marido, doctora Polo, es adicto a la pornografía infantil. Y lo más grave del asunto, lo que no tiene perdón, es que yo estoy consciente de esta aberración desde hace muchos años, e inclusive lo he ayudado a distribuir y vender este tipo de imágenes sexuales.

Todo comenzó muy temprano en nuestro matrimonio. Desde la luna de miel, noté que Edgar se sentía incómodo conmigo en la cama. Le costaba mucho esfuerzo excitarse. En aquel entonces me dijo que estaba acostumbrado a ver películas pornográficas antes de acostarse con una mujer. De ese modo comenzamos a consumir películas para adultos. Me llamó la atención que, a medida que pasaban los años, Edgar buscaba filmes con actores cada vez más jóvenes. Chicos y chicas recién salidos de la pubertad que estoy segura ni siquiera tenían edad para aparecer en esos filmes. Esa afición empezó a preocuparme. Sin embargo, algo en mi interior me decía que era algo normal. A fin de cuentas, todos tenemos nuestros pecados, y en las mejores familias siempre hay secretos que nadie desea conocer. Además, mi esposo Edgar fue un marido ejemplar. Desde mi boda con él me prometió que nunca me faltaría nada en la vida. Edgar era ejecutivo de una empresa de juguetes y actualmente es uno de los miembros de la junta directiva. Su excelente salario nos ha permitido vivir una vida de lujo. Desde que salí embarazada de mi primera hija no he tenido que trabajar, ni pensar en un empleo. Ese hecho, a la larga, se ha convertido en mi mayor calvario.

Doctora Polo, le cuento que, pasados cinco años de matrimonio, una tarde, mientras recogía la correspondencia, me llamó la atención un pequeño paquete destinado a mi esposo. El remitente era de Suecia. Por la envoltura deduje que se trataba de una revista. Llevada por la curiosidad rompí el papel y descubrí algo tan horrible que faltó poco para desmayarme. Se trataba de una revista pornográfica, pero en vez de mujeres, aparecían niñas y niños. El estómago me dio un vuelco. Recuerdo que tuve que tomarme unas pastillas. En la noche, cuando Edgar llegó a casa y le mostré la

El James Bond del porno infantil

revista, tuvimos una discusión muy fuerte. Yo amenacé con irme de la casa. Edgar se sentó a mi lado y con voz pausada, con toda la calma del mundo, logró convencerme de que aquella revista era legal en el país donde había sido editada. Que los modelos estaban conscientes de lo que hacían. Después me dijo que el único propósito era meterse en el negocio de distribuir ese tipo de producto. Me dijo: Es sólo un producto, Tamara. Imagínate la cantidad de dinero que podemos hacer distribuyendo este tipo de publicaciones.

La verdad, doctora Polo, es que esa noche no pude dormir. Por mi mente pasaron muchas ideas. Pensé en denunciarlo a primera hora de la mañana. Pero finalmente decidí salvar mi matrimonio y apoyar a Edgar en aquella empresa perversa. El negocio funcionaba de la siguiente manera. Edgar recibía en un correo postal varias copias de aquella revista y luego las revendía a otros consumidores por el triple del precio. Los clientes fueron aumentando. Llegó un momento en que no dábamos abasto, pues algunos de los clientes vivían en América del Sur, o en Asia, y en muchas ocasiones las revistas se perdían en el correo, o llegaban de regreso porque el hombre había cambiado su dirección y teníamos que reenviarlas, siempre y cuando ellos estuvieran dispuestos a pagar el riesgo.

A los pocos años, decidimos instalar la Internet. Edgar me explicó todo el funcionamiento de la computadora, cómo guardar las fotos en archivos secretos que nadie jamás encontraría, cómo distribuir las fotografías y los artículos en formatos de correo electrónico que solamente el destinatario pudiera abrirlos. Contratamos a un joven experto en informática, un chico adicto a la pornografía infantil, quien nos instaló en nuestro despacho los mejores equipos para

Querida Dra. Polo: Las cartas secretas de CASO CERRADO

navegar en secreto por la Internet. También creamos una compañía fantasma, donde los clientes depositaban los fondos. Con la Internet el negocio fue aumentando de tal modo que por primera vez desde que empezamos, Edgar ganaba más dinero con el tráfico de pornografía infantil que en su propio empleo como ejecutivo. Usted se preguntará cómo es posible que yo haya estado involucrada durante tantos años. Y la respuesta no es sencilla.

Primeramente, la ganancia era tan grande que la avaricia me cegó totalmente. Vivir rodeada de lujos, salir de vacaciones por el mundo, costear las mejores escuelas privadas para mis hijas y sobre todo, nunca, jamás, tener que soportar la angustia de trabajar encerrada en una oficina ni tener que soportar a un jefe. Todo lo anterior contribuyó a mantenerme involucrada en un negocio tan bajo. Pero lo que más aportó a esa decisión mía fue que Edgar me prometía que no era adicto a la pornografía infantil. Que se trataba de un simple negocio. Él miraba las fotos como se mira un producto. La calidad de la imagen, del color, de la luz, del objetivo. Nunca lo noté excitado y nuestra vida sexual se mantuvo estable. A mis hijas, desde el colegio primario, las mantuve en escuelas privadas semiinternadas, es decir, que salían en la mañana y solamente regresaban en la noche. Cuando alcanzaron la secundaria las matriculé en colegios internados, así sólo estaban en casa durante sábado y domingo.

Doctora Polo, todo cambió desde hace un mes, cuando descubrí, sin quererlo, un mensaje de texto en el teléfono celular de mi marido. En el mensaje le contaba a un hombre, me imagino que a uno de sus clientes, acerca de cómo nuestras hijas habían crecido, de cómo habían madurado y que la otra noche, al verlas en bikini en la piscina de la casa, sintió una excitación terrible. Que estaba a punto de cometer una locura. Al leer aquel mensaje estuve a punto de matarlo. Busqué una pistola que guardamos como seguridad en el armario. Sin embargo, logré calmarme. De pronto sentí de golpe que toda mi vida ha sido un engaño, una felonía, un pecado contra natura. He vivido casada junto a un monstruo que sólo merece estar tras las rejas, un criminal a quien he apoyado en una empresa perversa.

El problema, doctora Polo, es que si delato a mi esposo estoy segura de que yo también iré presa. Vamos a perderlo todo. Casa. Dinero. Ahorros en el banco. Propiedades. ¡Todo! De sólo imaginar a mis hijas en un internado para menores, o viviendo con unos padres adoptivos me entran ganas de quitarme la vida. Estoy en la encrucijada más peligrosa de mi vida.

No soporto otro día más en este infierno. Necesito de su ayuda urgente. ¿Qué hago, doctora?

Tamara G.

Querida Dra. Polo: Las cartas secretas de CASO CERRADO

Caramba, Tamara:

Lo que me cuentas es tan asqueroso que ni aquí me atrevo a decirte la palabra que me viene a la mente para describirlo. Espero que hayas usado un nombre ficticio, porque si no, yo misma soy capaz de entregarte a las autoridades. ¿No te das cuenta de lo que has permitido por tanto tiempo y, cómo si fuera poco, por dinero?

¡Por dinero! Por el peor motivo que un criminal puede tener para cometer un crimen, no importa para lo que lo use después que lo tiene. Dices que "de sólo imaginar a mis hijas en un internado para menores, o viviendo con padres adoptivos, me entran ganas de quitarme la vida". Pues, ¿sabes qué? Yo pienso que vivir con padres adoptivos sería lo mejor que podría pasarle a tus hijas bajo estas circunstancias. De todos modos se han pasado la mayoría de sus vidas internas, pero al menos sanas y salvas del par de perversos que las trajeron al mundo.

¡Fuufff! Fíjate si no tengo palabras, que me las invento para evitar ofenderte más, aunque me imagino que todo lo que te he dicho, ya lo has pensado. Por lo menos, eso espero.

Bueno, aquí va mi sugerencia legal, y espero que hayas reunido bastante DINERO, porque bien cara te va a salir la jugada, ¡descarada! Búscate un buen abogado criminalista y, si sabe de divorcio, pues mejor. Asegúrate que tenga buenos contactos con la fiscalía de la ciudad o el condado en el que vives. Ese abogado tiene que contactar a la fiscalía y hacer un trato por inmunidad a cambio de que testifiques en contra de Édgar. La inmunidad te exime de castigo penal a cambio de que tu testimonio permita la captura de Édgar y de la red de pornografía infantil que les ha permitido vivir como reyes a cambio del dolor y sufrimiento de criaturas COMO TUS HIJAS. Si consigues que las autoridades acepten tu propuesta, el divorcio será bastante simple, puesto que Édgar estará preso y el juez considerará su porción de las propiedades matrimoniales como manutención para tus hijas.

Quizás suene muy simple lo que te acabo de explicar, pero simple y fácil no son la misma cosa, y llevarlo a cabo NO VA A SER NADA FÁCIL. Si EL DESTINO te da otra oportunidad... espero que NO LA EMBARRES.

Sinceramente,

Dra. Ana María Polo

Estimada doctora Polo:

Después de varios meses pensando y pensando en escribirle, al fin esta noche decido sentarme y enviarle estas letras. Por el mismo contenido de la carta, se dará usted cuenta de las razones de mi indecisión. Empiezo por contarle que mi nombre es María Elena pero que desde niña todo el mundo me dice Mary. Este mes cumplí 39 años de edad y soy una mujer muy saludable, de apariencia juvenil gracias a los ejercicios que practico en el gimnasio. Estoy casada desde los 17 años con mi marido Héctor y tenemos dos hijos, el mayor de 22 años y una niña de 16.

Como puede ver, doctora, tengo todos los ingredientes para ser feliz, pero una decisión que tomamos mi marido y yo hace unos cinco años amenaza seriamente con destruir mi familia. Voy a ser sincera y decir que yo fui la principal causante de todo. Como dije antes, me casé a los 17 años porque tuve relaciones sexuales con mi primer novio, un compañero de colegio que no quiero ni mencionar su nombre. Cuando salí embarazada y mis padres se enteraron, aquel primer novio no quiso asumir su responsabilidad, y con tal de que mi padre no lo matara (porque juró descubrir al culpable de mi barriga), me hice novia de Héctor y él aceptó casarse conmigo consciente de que no era padre del niño.

Le explico esto porque no sé si es el origen de mi actual problema. Es que Héctor es un hombre muy bueno pero nunca nos entendimos muy bien en la cama. Durante años,

Querida Dra. Polo: Las cartas secretas de CASO CERRADO

la mayoría de las veces que teníamos sexo, yo me quedaba insatisfecha pero fingía orgasmos por no bajarle su autoestima como hombre. Muchas veces me pasó por la cabeza tener una aventura sexual con otro hombre pero mi amor por Héctor y el pánico de que me descubriera borraban siempre esa idea de mi cabeza. Hasta hace más o menos cinco años.

En el gimnasio al que yo iba conocí a un muchacho de 25 años llamado Carlos, que como ya se imagina era muy atlético y saludable como yo, en fin, un tipo que volvía loca a las mujeres que asistían al gimnasio. Pues yo empecé a pensar en Carlos durante la noche e inclusive un día me propuso tomarnos juntos un café. Esa noche me confesó que sentía atracción hacia mí y que deseaba acostarse conmigo. Yo por supuesto que lo rechacé, pero entonces él me dijo, para mi asombro, que él no tenía ningún problema con que mi marido Héctor lo supiera. Es decir, que yo le pidiera permiso a mi esposo porque según Carlos hay muchos maridos que disfrutan viendo a su esposa teniendo sexo con otro hombre. Fue así que por primera vez empecé a conocer el mundo de los *swingers*, buscando información en la Internet.

Tanto tiempo estuvo la idea en mi mente que siempre que tenía sexo con mi marido me imaginaba a otro hombre penetrándome mientras él me miraba sentado en la cama. Finalmente decidí contarle a Héctor lo que me pasaba, lo de la idea de los *swingers*, y entonces él se quedó primero sorprendido, después preocupado, pero al final me dijo que podíamos intentarlo, siempre y cuando yo me sintiera cómoda. Yo supe que la sugerencia le gustó por la idea de él acostarse con otra mujer, pero a esas alturas, doctora, yo estaba tan obsesionada con experimentar sexo con otro hombre que no me di cuenta.

Querida Dra. Polo: Las cartas secretas de CASO CERRADO

La primera experiencia, por supuesto, fue con Carlos, el muchacho del gimnasio. Mandamos a los niños ese fin de semana con mis padres y lo invitamos una noche a cenar en casa. Después de tomarnos varias copas de vino tocamos el tema del sexo. Recuerdo que a mi esposo y a mí nos entró primero una risa nerviosa casi incontrolable, pero Carlos rompió el hielo. Se arrodilló delante de mí en el suelo, me acarició los muslos con su lengua, me quitó el bikini, levantó mis piernas y allí mismo empezó a darme el sexo oral más rico y placentero que jamás sentí en mi vida. Perdone por la franqueza de mis palabras, doctora, pero explico con detalles para que entienda las razones del porqué fui cayendo poco a poco en el vicio de los *swingers*.

Esa primera noche, más tarde en el cuarto, Héctor y Carlos estuvieron penetrándome con sus penes por delante y por detrás durante mucho tiempo y tuve por primera vez en mi vida numerosos orgasmos. También, y no sé la razón, porque no me considero una p..., me excitaba mucho cuando Carlos me decía: "Mary, eres una p..., eres una p... Mary", a la vez que me daba nalgadas.

Fue algo nuevo y espléndido para mí. Imagínese, después de tantos años con el mismo esposo, descubrir algo novedoso. Pues nada, le cuento que Héctor me confesó que disfrutó y se excitó mucho viéndome con otro hombre. Entonces decidimos acudir a una fiesta que preparó el club de *swingers* al cual Carlos pertenecía.

Como era una fiesta de disfraces no nos costó mucho esfuerzo mezclarnos con todos los invitados. Me acuerdo que me disfracé de gata y mi esposo de Tarzán. En aquella fiesta lo que más hicimos fue contemplar a otras parejas teniendo sexo en los cubículos del lugar porque para serle sincera temimos la falta de seguridad. Algunos hombres estaban penetrando a mujeres sin condón y eso nos pareció muy arriesgado. Pero de todas maneras me excitó mucho la experiencia, pero también nos trajo la causa del problema actual. En un rincón de la fiesta, había una pareja que nos pareció muy atractiva. El hombre era alto y rubio mientras que la compañera era de pelo trigueño, muy, muy hermosa, doctora, no sé por qué se me pareció tanto a Angelina Jolie, esa actriz de Hollywood. Bueno, el caso es que el hombre se llamaba Osvaldo y la mujer, mucho más joven, se llama Claudia. Nos presentamos y después de tomar varios tragos nos fuimos las dos parejas para la casa de ellos.

Para nuestra sorpresa descubrimos que Osvaldo y Claudia no vivían muy lejos de nuestra casa. La residencia de ellos es de dos plantas, con piscina y jacuzzi, porque tienen mejor posición social que nosotros. Desde que llegamos, me di cuenta que mi marido Héctor estaba desesperado por acostarse con Claudia. Le va a parecer increíble, doctora, pero sentí un poco de celos. Ella tomó la iniciativa, le agarró la mano y se lo llevó para un cuarto mientras Osvaldo me quería llevar para otro. Yo le dije que prefería tener sexo en el mismo lugar que mi marido, entonces él accedió y entramos al cuarto donde estaba Héctor con Claudia.

Claudia estaba ya desnuda besando a mi esposo. Osvaldo enseguida se bajó el pantalón y me metió su pene en la boca. Bueno, para no hacerle la historia muy larga pasamos otra noche de sexo maravilloso, pero lo que más me llamó la atención fue la manera en que mi esposo Héctor disfrutó con Claudia. Es decir, nunca, pero nunca antes lo vi tan excitado como esa noche. Y mis sospechas se hicieron realidad cuando, durante la siguiente semana, Héctor me pidió constantemente repetir la experiencia. Lo complací porque en definitiva la idea de todo esto fue mía, pero esa noche me sentí muy mal porque Héctor trató a Claudia en la cama con una sumisión tan total a ella que apenas se fijó en mí mientras Osvaldo me penetraba constantemente justo al lado de ellos en la cama. Después de aquella segunda noche, mantuvimos una relación de *swingers* con ellos durante unos tres años. A veces nos íbamos de vacaciones juntos o ellos se quedaban en nuestra casa un fin de semana. Yo experimenté sexo también con Claudia. Por primera vez le hice sexo oral a una mujer y viceversa y también probamos todo tipo de posiciones y formas de tener sexo entre los cuatro.

Para no hacerle muy larga la historia, un día llegué a casa y me encontré a mi esposo y Claudia teniendo sexo en el piso de mi cocina. Yo me enojé con mucha razón, pues no era justo. Terminamos discutiendo muy fuerte y Héctor se fue de la casa. Al poco tiempo descubrí que Claudia se había separado de Osvaldo y ella y mi marido estaban viviendo juntos. Yo decidí entonces salirme de esa vida de *swingers* y presenté la demanda de divorcio a mi esposo. Pasaron los meses y Héctor buscaba una razón tras otra para no firmar, hasta un día que llegó a casa pidiéndome regresar.

Decidí darle unos días para pensarlo, pero de pronto me encontré con una terrible sorpresa: mis dos hijos, tanto la hembra como el varón, están renuentes a que su padre regrese a casa y amenazaron con llevarme a corte para pedir su independencia porque resulta que lo saben TODO. Es decir, fueron testigos de aquella época de *swingers*, y descubrí para mi horror que nos vieron en muchas ocasiones mientras los cuatro teníamos sexo en nuestra casa.

Estoy volviéndome loca, doctora. No quiero perder a mis hijos pero quiero darle una segunda oportunidad a mi marido. ¿Pueden mis hijos separarse legalmente de nosotros? ¿Participar en *swingers* es suficiente prueba para que un juez conceda la petición? Ayúdeme, doctora. Tengo miedo de ir a un abogado por terror a que me lleven presa por tener orgías delante de menores.

Le mando un abrazo y espero que pueda ayudarme,

Mary

Estimada Mary:

Comencemos por la pregunta legal, que aunque la información que me diste está incompleta, me provees suficientes hechos para una respuesta. Me preguntas si los hijos se pueden separar legalmente de sus padres. La contestación es SÍ, pero los requisitos para hacerlo NO SON FÁCILES DE SATISFACER. La causa legal o demanda se llama EMANCIPACIÓN y no creo que éste sea tu caso. En Estados Unidos, la enmienda número 26 establece que la edad para votar en cualquier elección es 18 años y, aunque a esta edad se considera a la persona como un ser adulto, hay actividades, como consumir alcohol y tener armas, que exigen 21 años de edad. Los estados tienen discreción para establecer sus requisitos, pero 18 años sigue siendo la mayoría de edad. Esto significa que tu hijo de 22 años no tiene necesidad de exigir una separación legal puesto que POR LEY ya es adulto. Él se está beneficiando de que ustedes lo mantengan SIN OBLIGACIÓN legal de parte de ustedes. Por otro lado, ¿por qué razón no quieren los chicos que te reconcilies con tu marido? Esa decisión no es de ellos, te pertenece a ti. ¿Cómo fue que los hijos los vieron en sus actividades de adultos si, en otra parte de la carta, me dices que dejaban a los hijos en casa de tus padres por el fin de semana? De cualquier forma, no creo que tu hija, que es la menor de edad (16 años), pueda testificar en corte para satisfacer los requisitos de una emancipación. Tiene que probarle a un juez que ha sido descuidada negligentemente, que se puede mantener sola totalmente, o que ha sufrido un abuso por parte de sus padres. Ese no es tu caso. Con respecto al divorcio que presentaste cuando Héctor se fue a vivir con Claudia, creo que no entiendes el proceso de divorcio porque Héctor NO TIENE que firmar la petición. Ese documento lo firma el demandante o peticionario, y ésa eres TÚ. Pero no me extraña que no entiendas el proceso de divorcio porque cuando te lo explicaron debiste haber estado muy nerviosa.

Ahora, hablemos de la experiencia *swinger*, esa modalidad no tan nueva de intercambiar pareja con otros casados para aliviar la monotonía de la monogamia, quizás. (¡Qué difícil es mantener una relación matrimonial!)

Me parece bien que Héctor y tú traten de reconciliarse, total creo que se dieron cuenta de que el SEXO no lo es todo en una relación, aunque sí un factor importante. Pero Héctor y tú ya habrán aprendido a tener MEJOR sexo con el entrenamiento, como decirte "p…" durante el sexo, que recibieron durante estos años. Crecer junto a una pareja, y sobrevivir el pasar del tiempo es una fuerte lección que sólo la madurez y el amor conquista. Pienso que Héctor y tú caen en esta categoría. No condeno a los *swingers* pero creo que este estilo de vida no es para todo el mundo. Hay personas que SÍ pueden vivir dentro de este esquema toda una vida, pero no creo que son la mayoría y, por lo general, la vida amorosa de los *swingers* es complicada. Para mí, es peligrosa, porque es como "jugar con fuego", pero hay quienes piensan que en la variedad está el secreto. Quién sabe. Para que la reconciliación sea efectiva, deben perdonarse y no estar culpándose por la experiencia y por cómo cada uno se manifestó o el por qué lo hicieron. Solamente Héctor y TÚ tienen "la llave" para hacer que ese evento forme parte de una historia de AMOR o, por el contrario, de una estadística más. Creo que ambos deben hablar con sus hijos, como adultos, y no por eso acceder ante las exigencias de ellos. A fin de cuentas, esta generación de adolescentes y adultos jóvenes no es tan inocentona como pretende ser. La Internet los ha conectado con un MUNDO de información, a través de un medio visual y auditivo, que muchas veces "les enseña" cosas y conceptos QUE NI SUS PADRES conocen. Si tienes duda, escucha algunas de las letras de la música que les gusta a tus hijos.

Les deseo buena suerte. Les hará falta.

Y a tus hijos les digo: ¿Quiénes son ustedes para juzgar a sus padres? Cuando hayan vivido lo suficiente para juzgar, hablamos. Eso es deferencia.

Sinceramente,

Dra. Ana María Polo

Ana María Polo:

No se imagina el valor que tuve que reunir para sentarme a escribir estas letras. Quizá a usted le parezca común y corriente un caso como el mío. Lo digo por la cantidad de casos raros que he visto en su programa. Me llamo Gustavo y el problema que tengo es tan grave que hubo momentos en que pensé acabar con mi vida. Estoy desesperado. Tengo mucho miedo de consultar a un abogado sin antes escuchar su consejo porque si se arma un escándalo en mi familia me voy a morir de la vergüenza, eso si antes no me pego un tiro en la cabeza.

Lo voy a decir sin más rodeos. Mi esposa, Yanelis, que tiene 28 años, se está s....... a mi padre, que tiene 62 años. No digo acostándose ni haciendo el amor porque no lo hacen en la cama, o eso me imagino. La noche que los descubrí estuve a punto de matarlos, se lo juro. No entendía nada. Imagínese que llegué del trabajo de sorpresa, y cuando me pongo a buscar a mi esposa, me la encuentro con las piernas abiertas tirada en el suelo, el blúmer por las rodillas y la cabeza de mi papá metida entre sus muslos. El *shock* fue tan grande que me fui en silencio, no podía hablar, y me fui a un bar cerca de casa y allí estuve tomando tragos hasta las cinco de la mañana que regresé a mi casa.

Al día siguiente me levanté sin saber si aquello que vi la noche anterior era una pesadilla. Pero sin que ellos se dieran cuenta empecé a vigilarlos. La forma como hablaban, como mi papá trataba a mi esposa. En fin, que otra noche para probar regresé a casa en la madrugada. Entré por el patio y me asomé a la ventana del cuarto de mi papá y lo que vi me dio tanto asco que, bueno, sí, se lo voy a contar. Mi esposa estaba a cuatro patas en el suelo y mi papá le estaba sacando y metiendo un enorme tolete plástico por el ano. Después que estuvo haciendo eso un rato, se bajó los pantalones y allí mismo empezó a penetrarla por detrás mientras le jalaba los pelos. Sentí tanta rabia que me fui corriendo de regreso al trabajo.

Lo que más me duele, doctora, lo que más me tiene destrozado, es que fue mi padre quien nos trajo a mí y a mi mujer de Cuba. Mi padre se llama Leonel. Hace cinco años fue de visita a Cuba, después de diez años sin vernos y pasó con nosotros dos semanas. Quedó tan encantado de vivir en familia que enseguida me reclamó y pagó todo el papeleo y los pasajes para que Yanelis y yo viniéramos para Miami.

Cuando yo llegué, mi papá tenía un negocio de mecánica de carros en una gasolinera de la calle ocho. Yo empecé a mecaniquear por un tiempo para reunir dinero. Me compré una rastra, o mejor dicho, di la entrada para pagar un camión de carretera y un poco después me tiré a la carretera como rastrero. Yo creo que fue durante esos meses que viajé mucho al interior cuando comenzó lo de mi esposa con mi papá. Todavía vivíamos juntos los tres. Ahora pienso que la soledad y el aburrimiento la hayan llevado a caer víctima de mi padre.

En fin, que al cabo de dos años mi esposa me embulló para que el dinero que habíamos guardado lo invirtiéramos en una gasolinera a la mitad con mi papá. Así lo hice y de paso compramos una casa también mitad y mitad. Él tiene un crédito excelente y le ofrecieron un precio muy bueno. También nos pareció buena idea compartir todos los gastos porque mi padre es soltero y nunca le había conocido mujer. Ahora entiendo la razón. ¡Mi mujer era su mujer!

Doctora Polo, yo estaba tan ciego, fui tan estúpido. Y lo que me da más rabia es que estoy seguro de que todo es culpa de mi padre, Leonel, de que todo fue maquinado por él desde aquella visita a Cuba. Se lo digo porque mi esposa, Yanelis, es muy noble, ella es una guajirita de Camagüey que pasó la secundaria a empujones y la pobre si sabe leer una etiqueta es mucho. No puedo negar que Yanelis tiene un cuerpo muy bonito. Tiene las tetas grandes, las nalgas también. Es bien calentona desde que la conozco, y yo a veces estaba muy cansado para tener sexo, pero mi papá es un viejo verde, un c..... mentalista y aprovechado.

Yo trabajo ahora en una gasolinera. Mi padre y yo nos turnamos una semana toda la noche y una semana todo el día, hasta que tengamos la suficiente seguridad para contratar empleados. Cada noche, de sólo pensar que ese sinvergüenza está con mi esposa me dan ganas de agarrar la pistola que uso como protección y reventarle la cabeza a tiros al muy hijo de p... ¿Pero sabe por qué razón no lo hago?

Porque yo no vine a este país a pasarme 20 años encerrado en una celda. Yo vine a prosperar, a vivir tranquilo sin la represión en Cuba. Fíjese si es así, que desde que descubrí lo de mi mujer con mi padre he tratado de hacer lo posible para que ella confiese lo que hace y se ponga de mi parte. Todas las noches traté de acostarme con ella, pero lo que estaba pasando era que ahora a Yanelis le dio por decir malas palabras en la cama. Mientras la penetro me dice, "s......, papi, dame duro, sácame la leche, ahora dame por el c...." y todas esas cochinadas que estoy seguro aprendió con el hijo de p...: de mi padre. Le pido perdón por escribir tan sucio pero quiero que comprenda que yo soy un hombre que no suele decir malas palabras.

La otra noche no me pude aguantar más y le confesé todo lo que había visto. Ella se puso muy brava y me dijo que todo eso era mentira. Más tarde en la madrugada no sé por qué me entró tremendo ataque de llanto y me tuve que encerrar en el baño. Entonces ella entró y me confesó toda la verdad. Yo creo que le dio lástima conmigo. Me dijo que desde que mi padre fue de visita a Cuba empezó a tratarla diferente, a decirle cosas lindas. Le tocaba las nalgas a mi espalda y otras cosas. Una noche que yo me emborraché en Cuba, mi papá se le metió en el baño y le dijo que estaba enamorado de ella, que lo volvía loco. Yanelis trató de sacarlo. Entonces mi padre le propuso un trato. Si ella le dejaba mamarle el b...., nos iba a traer reclamados para los Estados Unidos. Ella dice que se dejó hacer por nosotros, por nuestro futuro, que después otro día le bajó el blúmer en la cocina y allí mismo la penetró por detrás. Me confesó que nunca imaginó que al llegar aquí, mi papá Leonel iba a seguir pidiéndole esas cosas.

Yo le dije que teníamos que decidir qué hacer con él. Si nos íbamos de la casa era como regalarle todo lo que habíamos logrado desde que llegamos a los Estados Unidos. Yanelis me convenció que la mejor forma de arreglarlo todo era hablando con mi papá, sacando los trapos sucios y de esa manera mi papá se iba a sentir tan culpable y avergonzado que él mismo se iba a ir de la casa. Acordamos reunirnos ese sábado en la noche, después de la comida y sacar a relucir el asunto.

Doctora Polo, imagínese cómo me sentí de aliviado durante el jueves y el viernes de aquella semana. Me sentía contento de que mi esposa, Yanelis, estaba de mi parte, y contaba las horas para que llegara ese momento. El sábado en la mañana tomé precauciones y escondí una pistola que mi padre siempre usa. La saqué de su clóset y la oculté en mi cuarto cerrado bajo llave. Con esos viejos locos y celosos uno nunca sabe cómo van a reaccionar. Pero lo que no me esperaba, ni en mi peor pesadilla, es lo que sucedió después.

Como habíamos acordado, después de comer, mi mujer, Yanelis, sacó a relucir el tema. Mi padre confesó que desde que vio a Yanelis en Cuba se enamoró locamente de ella, dijo que eran cosas de la vida, que uno no escoge el amor o algo así de parecido. Yo estaba que reventaba. Él le había propuesto varias veces a mi esposa llegar a una determinación pero ella se mantenía indecisa, hasta que pasó lo que tuvo que pasar, es decir, que yo lo descubriera todo. Yo hablé y le dije que lo perdonaba si se iba de la casa y nos dejaba vivir en paz desde ese día en adelante. Pero mi papá me dice que no entendía. Yo me sentí confuso de pronto, hasta que caí en cuenta que el que estaba metido en una trampa era yo.

Yanelis al fin abrió la boca y dijo que estaba enamorada de mi padre ¿Pero cómo es posible? Si el otro día me dijo una cosa distinta. Pues nada, doctora, que mi mujer dice que pensándolo mejor ella se siente más feliz y satisfecha como mujer estando con mi padre y que decidió divorciarse de mí y casarse con mi papá, Leonel. Cuando me dijo eso, sentí que el mundo se me caía encima. Me quedé como atontado. Fui al cuarto, recogí mis cosas y me largué a un motel.

Desde aquí le escribo esta carta. Me duele con el alma perder a la mujer que quiero, pero más dolor me da perder todo lo que he conseguido con el sudor de mi frente. El problema es que mi enemigo no sólo es mi padre sino el dueño de la mitad de mi vida. Es dueño de la mitad de mi casa, de la mitad de mi negocio y hasta es dueño de la mitad de mi esposa. Estoy volviéndome loco, doctora. Le suplico un consejo antes que cometa una locura.

Gracias por todo.

Gustavo

Queridísimo Gustavo:

QUÉ LÁSTIMA ME DA CONTIGO. No porque sea "el fin del mundo" lo que te pasó, porque YA PASÓ, sino porque entiendo que es una lección MUY DIFÍCIL la que te ha tocado vivir a tus —no me dices tu edad, pero asumo que estás cerca de la edad de tu "EX", o sea, veintiocho años. Bueno, a cualquier edad, lo que te pasó, ies del C.....! Esta experiencia, sin duda dejará daños en ti y las consecuencias de ese daño las decidirás tú con tu comportamiento de ahora en adelante.

Lo primero que me viene a la mente es que Yanelis es una hija de p...; tu padre, un degenerado y un c..... con pintas y TÚ... un perfecto c......... Así te lo hubiera dicho si me hubieras ido a ver en privado, para que entendieras el consejo legal, y de vida, que te hace falta escuchar. Te hablo así de claro, puesto que ya me diste permiso al contarme, TAN EXPLÍCITAMENTE, la relación física de los TRAIDORES.

Me dices en tu carta que quizás tu caso me parezca "común y corriente". Te equivocas y te equivocas. Con los años, he aprendido que cada evento de la vida tiene su singularidad, algo que lo distingue y lo hace diferente. Tu caso, el cual confieso es CASI una tragedia, sólo lo es en términos de MORAL y de valores, lo que significa que TÚ puedes salir ileso de esto, o sea sin daños permanentes, y con mucho MÁS de lo que tenías antes.

Así que no hables más de suicidarte, ni de cometer locuras y sigue leyendo. Lo primero que debes saber es que esa mujer con quien te casaste, NO SIRVE PARA NADA y no tiene que ver con que "es una guajirita de Camagüey que pasó la secundaria a empujones y la pobre si sabe leer una etiqueta es mucho", como tú dices, porque hay muchos guajiritos que saben menos que Yanelis pero tienen bien CLARO que la traición y las mentiras SON MALAS. Tu Yanelis es simplemente una ARPÍA de quién mi abuela diría, "árbol que nace torcido, jamás su tronco endereza". Ésa es una mentirosa, engañosa, falsa, manipuladora y de "muy noble", como la describes tú, no tiene nada. ¿Qué mujer enamorada de su marido se acuesta con el suegro por "soledad y aburrimiento" como tú alegas? Además, de boba no tiene un pelo, puesto que supo planear DESDE CUBA, una estrategia maquiavélica para conseguir que hicieras todo lo que Leonel, tu banco de esperma, quería: desde tus horas de trabajo en la gasolinera, hasta tus largas ausencias en la carretera. Pero esta desgraciada te ha dejado una valiosa lección que te puede ayudar en el camino de esta jornada: aprende a no cegarte con la mujer que escojas en el futuro. "Al pan, pan y al vino, vino", "borrón y cuenta nueva" y "a otra cosa mariposa". No sé por qué me han venido a la mente tantos dichos, pero es que a TI, se te pueden aplicar todos.

Con respecto a tu relación con Leonel, tu presunto padre (porque es DIFÍCIL creer que un PADRE pueda hacer lo que el tuyo hizo con TANTA alevosía), tengo que confesarte que me consta que no eres el ÚNICO que ha pasado por un evento tan j....., porque no hay otra palabra que lo describa mejor. De hecho, siempre he sabido que el solo hecho de contribuir a la concepción de un ser humano no es suficiente para conceder el importante título de PADRE. Un padre es mucho más y hay que trabajar arduamente para ganarse el "cargo". Leonel no tiene justificación ni perdón por su comportamiento. Pero proyectando un poco hacia el futuro, verás que la relación de los TRAIDORES no terminará bien. Sé que eso no te da ahora el consuelo que necesitas, pero verás cómo te acuerdas de mí en el futuro.

Tanto Yanelis como Leonel me recuerdan a los personajes de una película que salió en el año 1992, con Juliette Binoche y Jeremy Irons, titulada *Damaged* (Dañado), en la que ocurren hechos parecidos a los que me relatas, pero mucho peor, porque el hijo muere, mientras que tú estás "vivito y coleando". En la película, el personaje de la Binoche, Anna, dice que, "la gente dañada es peligrosa porque sabe que puede sobrevivir". Pues, que bueno que en tu caso, TÚ le das a esa frase un renovado significado, mucho más positivo que el de la película. AHORA SABES que no se puede creer ciegamente EN NADIE, no importa la relación que exista. El ser humano es capaz de la más increíble maldad, al igual que de su opuesto, que es la bondad más absoluta. Como dicen en ingles, *IT IS WHAT IT IS*. Las cosas son como son.

Bueno, al final de tu carta me preguntas qué hacer con respecto a lo que has conseguido "con el sudor de tu frente", lo cual te duele más que perder a la mujer que quieres. (Y yo pienso: ¡qué raro eres! Me acabas de escribir una carta "cortavenas" por amor, ¿pero te da más dolor perder cosas materiales? En fin, supondré que es el dolor y el deseo de venganza lo que informa tus prioridades y te contestaré.)

Gustavo, cuando viniste de Cuba, no tenías NADA más que el peso de los traidores que te rodeaban, que es peor porque además de robarte las cosas materiales que compra el dinero, te robaban la energía. Tu mujer NUNCA fue tuya. Ella es DE ELLA. Aaahhhh, y tu padre no es dueño de la mitad de ella, como tú dices, porque ELLA se le DIO COMPLETA. Con respecto a las propiedades, eres dueño de la mitad de varias cosas, pero en general, de la mitad de lo que tengas con Yanelis, por virtud del matrimonio. Sin embargo, como de Cuba viniste sin NADA de valor, aquí tendrás tu mitad después de un divorcio que debes presentar AHORA que está en caliente la cosa y quizás los "traidores" estén dispuestos a negociar para ahorrarse el dinero de un litigio. Quizás hasta lo hagan por un leve sentimiento de culpabilidad. ¿Quién entiende la naturaleza humana?

Te deseo lo mejor,

Ana María Polo

Esta vida loca, loca, loca

Carta de la esposa

Doctora Ana María Polo,

Hastiada de los golpes que me ha dado la vida me decido a escribirle a usted en espera de la comprensión y los consejos que han hecho de su persona una figura pública, y por los que se ha ganado el cariño de todos sus televidentes. Yo quisiera que, como he visto que usted ha hecho muchas veces en su programa, lea esta carta y la sepa interpretar con el mismo sentimiento que la estoy escribiendo. No hay nada detrás de estas letras que no sea el sufrimiento de una mujer que se siente engañada y que ahora lucha por todos los medios contra la perversión y la mentira de quien una vez fue su esposo y del que tiene dos hijas.

Yo no soy una mujer bonita, doctora Polo. Más bien siempre he tenido cierta predisposición a la gordura, la que he mantenido a raya con dietas y ejercicios que, entre otras cosas, han ayudado a que mi vida sea insoportable. Hace muchos años, más de 15, para ser exactos, yo era una aprendiz de fotógrafa que se hacía ilusiones con el mundo de las pasarelas y la moda. Ya que no pude ser modelo por la distribución de mi cuerpo, por lo menos podía estar en el ambiente que me gustaba y sacar de él algún provecho. Como resultado de mi trabajo, que consistía en auxiliar a un conocido fotógrafo *fashion* cuyo nombre no viene al caso, conocí tanto a modelos como a diseñadores y, sobre todo, a ése personal que se mueve en el mundo de las pasarelas cuya manifestación es abiertamente homosexual y que en aquel momento me pareció muy simpático.

Ante todo, déjeme aclararle que soy heterosexual. No me gustan para nada las mujeres y se lo puedo decir con conocimiento de causa porque en más de una ocasión me fui a la cama con algunas de mis amigas por el solo hecho de probar una nueva aventura sin que esta fuera para mí realmente agradable, sino que, por el contrario, me dejaba siempre un sentimiento de culpabilidad que me hacía rechazar por completo un nuevo encuentro de ese tipo. Una vez aclaradas mis preferencias sexuales, sí tengo que decirle que la gran mayoría de mis amigos eran varones *gay*, por lo que estaba bien compenetrada con ese mundo que me resultaba fascinante aunque yo no lo compartía. Como le estoy escribiendo con la verdad en la mano, no puedo ocultarle que también en varias ocasiones compartí el sexo de mis amigos *gays* con sus parejas o simplemente en grupo. Ese hecho de ver a dos hombres besándose y acariciándose representaba para mí el clímax más grande que yo podía haber sentido. Era una extraña confusión de sentimientos mezclada con deseo sexual que me hacía llegar al orgasmo más excitante aún cuando no hubiera sido penetrada, lo cual pasaba raras veces, porque un hombre, por muy *gay* que sea, cuando está bien caliente en una cama se la introduce lo mismo a una mujer que a un hombre, aunque sea con los ojos cerrados.

En una de esas salidas conocí a un hombre joven que me gustó mucho. Esa noche habíamos ido a un desfile de modas y él se incorporó al grupo porque estaba saliendo con otro muchacho muy bonito también que era diseñador de lencería y trabajaba para una firma colombiana. Lo de él y yo fue algo extraño, doctora Polo, porque siempre me pareció que él no era feliz en su ambiente. Esa noche hablamos mucho de fotografía, de lo cual él sabía bastante. Yo creo que su novio estaba celoso de que me dedicara a mí tanto tiempo y no sé por qué comenzaron a discutir hasta que él me agarró de la mano y me invitó a que nos fuéramos. Estábamos en la playa y nos sentamos en la arena frente al mar en medio de la oscuridad de la noche y él comenzó a hablarme de su pareja y, mientras más cosas me decía, mucho más yo me calentaba. Le insistí mucho para que me diera detalles de su relación con el novio, sobre todo que me contara los aspectos más íntimos. Él estuvo un poco esquivo al principio pero poco a poco entramos en el tema y así pude saber que él era activo. ¿Sabe usted lo que es ser activo, doctora Polo? En ese caso él era el macho y su novio era la hembra, aunque me confesó que cuando ambos se unían en la cama se olvidaban de las diferencias y trataban de darse el mayor placer mutuamente penetrándose uno a otro sin que hubiera resentimiento, sino todo lo contrario. Cuando él me contaba yo veía las estrellas y no precisamente porque estuvieran en el cielo y fuera de noche, porque le puedo asegurar que tenía los ojos cerrados. Mientras él me contaba que su mayor placer lo sentía cuando penetraba a su novio, lo tenía durísimo y ahí mismo, sin palabras, se la saqué y me la metí en la boca. No pude ver su cara, pero me imagino que no era de sorpresa, sino de satisfacción. Él comenzó a pasar sus manos por mis nalgas y a mí me gustó tanto que yo le hacía presión con mis labios mientras lo lamía con la lengua como si fuera una paleta de chocolate. Sin pensarlo mucho me quité toda la ropa y lo tomé de la mano para que entráramos al agua. Él me siguió y caminamos desnudos hacia la oscuridad del océano. Me tomó por detrás y comenzó a besarme mientras yo me estremecía. Nunca había sentido algo igual. Él me acariciaba el cabello mientras yo sentía en la parte

Querida Dra. Polo: Las cartas secretas de CASO CERRADO

posterior de mi cuerpo aquella cosa que buscaba urgentemente un lugar donde entrar. La sentí en todas partes, por detrás, por delante, en la espalda, piernas, fue como una pasión descomunal entre dos cuerpos sin distinción de sexo. Por lo menos así lo sentí yo mientras tenía no sé qué cantidad de orgasmos. Sentía que él también se estremecía. Lo hicimos sin protección. En aquel momento no me importaba lo que se decían de las enfermedades de transmisión sexual y, mucho menos, del flagelo de la época que era el SIDA. Nada de eso me vino a la mente esa noche y todo finalizó en un placer brutal que ambos sentimos. Quedamos como amigos, pero continuamos buscándonos.

Él vivía con su novio en un apartamento de éste y por motivos que no tienen que ver conmigo ellos se separaron. Entonces me pidió que lo dejara vivir en mi casa por un tiempo y yo con mucho gusto le abrí, no sólo las puertas, sino también las piernas. Yo quería que él encontrara su verdadera felicidad y su mundo real, no ése de fantasía al cual él creía pertenecer. Mi mayor anhelo era que se diera cuenta de que en realidad él no era *gay* sino un heterosexual con algunas desviaciones. No sé si lo logré o no por un tiempo, pero aquella solicitud que me hizo de que lo dejara vivir un tiempo en mi casa duró más de doce años. Sí, doctora Polo, estuvimos juntos más de doce años y, lo que es mejor, tenemos dos hijas como resultado de esa unión.

Durante los doce años que estuvimos juntos a mí me pareció un hombre normal. Hablábamos mucho de sus gustos, de sus preferencias y a mí me daba la idea de que él no daba su brazo a torcer, pero que yo lo satisfacía como ninguna otra persona en el mundo. Qué equivocada estaba, doctora Polo. De vez en cuando él se comportaba de una manera extraña, sobre todo en los últimos años, y evitaba cualquier contacto con mi cuerpo. Tenía excusas para mis caricias. Eludía cualquier petición sexual mía. Al principio de estar nosotros juntos, tuvo algunas crisis así, pero lo resolvíamos cuando yo me ponía un vibrador plástico sujeto por correas a mi cintura y jugábamos a que yo era el otro hombre. Pero muy pocas veces lo penetré aunque cuando lo hacía llegábamos a un clímax inimaginable y en la mayoría de las veces teníamos un orgasmo al unísono. Pero bueno, aguas pasadas no mueven molinos y ya ni eso lo provocaba últimamente.

Con las niñas era otra cosa y tengo que decir que fue un padre ejemplar hasta que todo esto se vino abajo. No es que él haya dejado de querer a sus hijas, pero no las tuvo en cuenta cuando decidió hacer lo que hizo.

Yo puedo parecerle un poco obsesiva, doctora, pero una mujer enamorada tiene que luchar siempre por su hogar y el cariño de su pareja, de manera que cuando yo vi que él se comportaba de manera errática conmigo y que yo no lograba sacarlo de sus crisis, me dediqué a seguirlo. Y qué tremenda sorpresa me llevé al ver que su condición de mariquita redomada no había pasado con los años, sino que, por el contrario, cada día se le despertaba más su necesidad de tener relaciones con hombres. Nunca pensé que él podía caer tan bajo, pero se convirtió en un asiduo de los baños públicos donde se c.... a muchachos que ni tan siquiera conocía y tenía sexo con cualquiera. Llegó a ser un adicto del *glory hole* y la metía en cualquier hueco buscando una boca de hombre que se la chupara. Tengo fotos, doctora, que le tomé sin que él lo supiera, pero lo que más me molesta es que cuando yo miro esas fotografías mi cuerpo se enciende como en los primeros momentos de nuestras vidas y siento la necesidad imperiosa de tener sexo nuevamente con él. Pero ya es imposible porque él se marchó de la casa hace ya un buen tiempo. Creo que llegó bien bajo antes de marcharse de mi lado, porque inclusive ya no sólo sentía placer cuando un hombre se la mamaba, sino que le encantaba hacerlo él también y le tomé fotos en un baño público donde lo hacía con dos muchachos a la vez. ¿Es que él no pensó nunca en sus hijas? ¿Cómo es posible que rodara tan bajo? ¿Qué podrán decir sus hijas de él?

Falta lo peor, doctora, porque él no se fue de la casa porque yo lo recriminara ni porque le peleara, porque nunca lo hice. Se largó porque se enamoró de otro hombre que conoció en un *glory hole* y que, para colmo, tenía el SIDA. Así como lo lee, doctora. El muy m...... me dejó por otro hombre que estaba enfermo de SIDA y eso sí que no se lo voy a perdonar. Por eso, doctora, le quiero poner una orden de restricción, porque con solamente su presencia mancha nuestro hogar y los valores morales con que deben criarse nuestras dos hijas. ¿Qué les puede decir él a esas niñas que ahora tienen 6 y 7 años? ¿Con qué valor puede decirles que su pareja es un sidoso? No, doctora, eso no lo puedo tolerar, por tanto quisiera terminar hasta con el vínculo familiar. Yo deseo que él pierda la patria potestad de sus hijas y que no las vea nunca más, pero que, además, todos sus bienes sean traspasados a las niñas para que él se quede sin nada. Que se muera sólo con su novio sidoso como cuando decidió irse a vivir con él.

Doctora, él es uno de los más importantes realizadores del mundo de la moda. Muchas casas famosas lo contratan para las distintas temporadas y gana una fortuna al año. Pero a mí no me interesa nada de eso. Él tiene que pagar lo que me hizo a mí y a sus hijas. Yo no pude pasar de ser asistente de fotografía. Me quedé ahí por su culpa. Es verdad que nunca nos ha faltado nada porque él nos ha dado a mí y a sus hijas todo lo material que necesitamos. ¿Pero qué hacemos con eso cuando nos traicionó? Él tiene que poner a nombre de las niñas todas sus cuentas de banco, sus propiedades, sus carros incluyendo el Ferrari que le regalaron. Todo tiene que ser para sus hijas y que se publique la verdad sobre su bochornoso proceder.

Dígame, doctora, ¿qué puedo hacer para lograr todo esto? ¿Cómo puedo humillar a ese mariquita que me ha destrozado la vida?

La desconsolada esposa de un *gay*

Querida Dra. Polo: Las cartas secretas de CASO CERRADO

Carta del esposo

Estimada doctora Ana María Polo:

Su reputación como profesional honesta y capaz ha llegado mucho más lejos de lo que usted se imagina. Se lo digo porque hace unos días me encontraba yo en una ciudad de Latinoamérica mientras cenaba en un restaurante y las personas que estaban al lado de mi mesa comentaban acerca de su programa de televisión y de sus sabias decisiones. Tengo que decirle que yo me sentí radiante de alegría porque desde hace tiempo siento que usted es mi ídolo hispano como lo es Barbara Walters en el anglo. Pero bueno es sólo un pasaje de lo que me ha sucedido en los últimos tiempos. Creo que Dios ha querido que yo necesite de sus sabios consejos y realmente me pregunto, ¿quién mejor que usted que ha cerrado tantos casos?

Doctora, soy un profesional de la moda con cierto éxito en mi trabajo por lo que pudiera decirle que me siento realizado en la vida, pero en realidad no es así, porque la existencia humana va mucho más allá del mundo profesional donde pueda destacarse. Pero no quiero agobiarla con disquisiciones filosóficas, sino narrarle el porqué necesito de sus consejos. Yo soy abiertamente *gay*. Lo supe en la escuela primaria cuando tenía 10 años. No era precisamente de los que le gustaban jugar a las muñecas con su mamá, pero sí me encantaba ir al río con dos o tres amigos de más o menos la misma edad y allí comenzábamos a experimentar nuestras primeras inclinaciones sexuales entre nosotros mismos. Muchas veces jugábamos a la familia y siempre a mí me tocaba ser el papá mientras que los otros amigos esperaban su turno para hacer de mamá. Bueno, dicen que de pequeño no se vale, pero todo se mantuvo igual hasta el día de hoy, así que sin ninguna duda soy homosexual y estoy muy orgulloso de ello porque nadie escoge su destino a la víspera, sino que Dios es quien guía su camino. Entonces, tratar de no ser lo que realmente eres es como renegar de Dios o desafiar su voluntad. Por eso nunca he negado lo que soy.

Hace unos 15 años, tuve una relación con una mujer. Era una de esas muchachas heterosexuales que siempre se encuentran en los círculos *gay* y que fingen ser las mejores amigas del mundo cuando en realidad lo que esconden realmente son sus frustraciones sexuales. Pero eso uno lo aprende con el tiempo. Ella entró a mi vida por una casualidad y de momento suplió un vacío que me estaba afectando mucho emocionalmente. No se lo niego. Yo venía mal con una pareja que tenía y terminamos abruptamente una noche en que ella estaba presente. Ella se ofreció para consolarme y nos fuimos a la playa. Primero comenzaron las conversaciones eróticas y de ahí al sexo nada más que pasó un corto tiempo. Tengo que decirle, doctora, que esa mujer era la mejor expresión del sexo oral que yo había sentido en la vida. No sé cómo hacía ni cómo lo lograba, pero los movimientos que le daba a su lengua eran como una bendición en ese momento. Me gustó el sexo con ella de verdad, sobre todo ése, el oral. Además, lo otro que me motivó con ella fue nuestra sinceridad. Yo le dije abiertamente quien era, además, ella lo sabía y lo había visto. Pero así y todo quise ser honesto, no porque pensara en ese momento en una relación, sino porque había sucedido algo inusual entre nosotros y su amistad me interesaba porque la consideraba una excelente persona. De manera que mantuvimos una especie de coqueteo en el que a mí me atraía mucho más el placer que me daba su boca que cualquier otra relación que pudiésemos tener. No sé por qué, doctora, pero siempre he sido un adicto al sexo. Me siento insatisfecho muchas veces al día y lo único que puede calmarme es el sexo. Sobre todo cuando encuentro un muchacho musculoso y muy bien parecido cuyos gestos sean un poco amanerados sin que sean abiertamente femeninos. Es decir, que parece que bordeo en una bisexualidad que se inclina más hacia el lado masculino, pero que busco en él algún rastro femenino. Es algo muy difícil de explicar, doctora, pero que se lo escribo para que entienda por qué yo decidí aceptar esa simbiosis en mi vida y estabilizarme supuestamente con una mujer mientras buscaba furtivamente la satisfacción con otros hombres.

Esta muchacha de la que le contaba era una persona abierta mentalmente que me caía muy bien. Cuando mi pareja y yo nos separamos definitivamente, ella me ofreció alojamiento en su casa y después me dio tanto amor que estuvimos 12 años juntos, y en ese tiempo procreamos dos niñas preciosas que adoro. Dios es testigo de todo lo que hice para mantener esa unión en contra de mis propios deseos. Ella no quería que yo compartiera mis inclinaciones con nadie más que con ella misma. Y yo realmente no podía. Muchas veces le propuse llevar a la casa a algún amigo con quien hacer un trío y que yo pudiera suplir de esa forma la parte que me faltaba, pero siempre se negó. Tampoco quería tener relación con algunas amigas lesbianas que nos visitaban. Toda su pasión quería verterla solamente conmigo y yo no soy una persona de esa índole, doctora. Ella estaba consciente de ello desde el primer momento. Nunca le negué lo que hacía. Es más, se excitaba muchísimo cuando yo le contaba cómo me encontraba furtivamente con otros hombres en algún lugar oculto y cómo hacíamos el amor. A ella le gustaba, pero, por otra parte, no lo toleraba. Era una ambigüedad de sentimientos muy fuerte, doctora, algo que va más allá de poderlo describir en una carta.

Cuando las niñas nacieron yo no cambié para nada. Ella lo sabía, como siempre supo todo lo que hacía. Pero eso sí, fui mucho más discreto y lo sigo siendo hasta este momento. Sin temor a equivocaciones, mis hijas están por encima de todo.

Dicen que con el tiempo las cosas se agudizan o se calman y a mí me parece válida esa aseveración. Sólo que hace dos años que ella se calmó mucho y yo sentía cada vez más la necesidad de sexo. Los dos nos dimos cuenta de la situación y como adultos decidimos platicarlo. De manera que pensamos en una solución y fue que ella me siguiera algunas noches a la semana en que yo salía solo a buscar mis relaciones en los lugares más apartados. Yo sabía que ella iba tras de mí, es más, siempre le decía de antemano los lugares que visitaría. La dejé inclusive que me hiciera fotografías y yo sabía que ella se masturbaba mirándolas después cuando estaba sola en la casa. Fue peor el remedio que la enfermedad, porque ella comenzó a reprocharme. No tenía por qué, porque las reglas del juego estaban establecidas desde el inicio de nuestra unión, pero los seres humanos se hacen ilusiones.

Yo soy un ser con los pies bien puestos sobre la tierra y sabía el riesgo que corría desde que comenzamos nuestra relación. Ella al parecer no lo valoró así y veía las cosas desde un punto solamente. El caso es que el amor no se busca, doctora Polo, porque generalmente te encuentra en cualquier esquina insospechada y eso fue lo que me sucedió a mí. En una de esas salidas compartidas donde ambos fingíamos que ignorábamos la presencia uno del otro, yo conocí a una persona unos ocho años menor que yo pero muy bien parecido, que siempre fue mi ideal de hombre. No oculté mi satisfacción cuando tuvimos la primera relación donde hice y me dejé hacer como es natural entre dos personas que quieren darse placer mutuamente. Ella no podía entenderlo y me reprochó mucho, después comenzó a recriminarme. Peleamos y peleamos hasta que yo decidí irme de la casa.

Este muchacho del que le cuento es seropositivo pero está controlado. Yo me hago la prueba del VIH todos los meses y soy negativo. Hace un año y ocho meses que estamos juntos y somos inmensamente felices. Soy de los que opina que nadie tiene derecho a la infelicidad de los otros, pero es una regla complicada porque aplica a ambas partes y siempre hace falta más de una persona para poder cumplirla. Por mi parte yo siempre le hablé a ella con la verdad en la mano hasta cuando le dije que me iba de la casa, el porqué y con quien lo hacía. ¿Qué derecho tenía ella para exigirme que la amara cuando nunca lo había hecho? Yo le compré una casa a las niñas para que estuvieran conmigo los fines de semana, les abrí una cuenta en el banco para que no tuvieran problemas financieros en el futuro. Continúo siendo bien discreto pero esta es mi felicidad. ¿Qué puedo hacer, doctora Polo?

Ella ha comenzado una campaña de descrédito para perjudicarme. Le cuenta a todas nuestras amistades los problemas que hemos tenido en la vida y sobre todo los míos. A mí no me importa, yo lo que deseo es que ella encuentre la felicidad como yo y, sobre todo, que mis hijas tengan todo lo que necesitan incluyendo el cariño de su padre. Ella se niega a que yo vea a las niñas y las tiene virtualmente secuestradas. También amenaza con publicar en la Internet las fotos que tomó con mi consentimiento y donde por supuesto yo estoy en una posición nada ventajosa. No entiende que si lo hace me perjudica no solamente a mí, sino a otras personas inocentes que estaban ajenas a nuestro trato. Todas sus acciones están encaminadas a hacerme daño para que yo no pueda ver a mis hijas.

Doctora Polo, si ha llegado hasta aquí es porque comprende mi caso y está dispuesta a darme una respuesta, entonces dígame, ¿qué puedo hacer para no perder a mis dos hijas?

Con todo el cariño del mundo se despide,

Un padre *gay*

Querida Dra. Polo: Las cartas secretas de CASO CERRADO

Estimada desconsolada esposa de un *gay*:

Espero, de todo corazón y en mayúsculas, QUE NO CASTIGUES A TUS HIJAS A VIVIR EN EL CALVARIO VENENOSO DE TUS ACCIONES, TUS PREJUICIOS Y TUS LIMITACIONES, tan enemigas de los derechos humanos. En especial en estos días en los que vivimos, en una comunicación tan constante e ilimitada. ¡Por Dios! Hasta Ricky Martin salió del clóset y, ¿a quién le importa?

No te dejes llevar por el "qué dirán". El día a día de los demás, a nadie le interesa. Cada cual tiene el suyo. No condenes a tus hijas a vivir en la PRISIÓN de tu ceguera (recordando al gran Saramago) y de tus fantasías. Ellas no son responsables de las consecuencias de tus acciones, ni tienen por qué cargar con esas consecuencias.

A continuación, respondo a cada uno de tus pedidos, dentro de mis capacidades y experiencia. Me pides que interprete tu carta "con el mismo sentimiento" que la estás escribiendo y, ¿sabes qué te diré? Que eres una mujer sufrida y despechada. Y te defino la palabra despechada porque sé que lo vas a apreciar: de acuerdo a la Real Academia Española, despecho es la "malquerencia nacida en el ánimo por desengaños sufridos en la consecución de los deseos o en los empeños de la vanidad". Siempre has querido ser quien no eres y te castigas concediéndote el segundo lugar. Te haces creer a ti misma que eres capaz de cambiar lo INCAMBIABLE: la naturaleza del padre de tus hijas, SU HOMOSEXUALIDAD. Algo que TÚ sabías y quisiste creer QUE CAMBIARÍAS. La razón primordial para el divorcio, por cierto, es la del que dice "yo pensé que lo cambiaría". Y gracias a Dios que existe el divorcio, porque si no, seres totalmente incompatibles y que se odian tendrían que permanecer juntos. Eso es lo que quieres TÚ: vivir en una relación forzada e insoportable PARA LOS DOS. Bueno, para los cuatro. Tus hijas no tienen por qué vivir la locura de sus pa-

dres. Ni deben vivir en un hogar con padres insatisfechos con la vida que esco-
gieron, ni con quienes son.

Para que me entiendas, eso es lo que define a un BUEN PADRE (O MADRE): el
saber discurrir las experiencias y lecciones de nuestras vidas para regalárselas a
nuestros hijos como parte de su educación. DARLES LO MEJOR DE NOSOTROS,
no nuestros c....... traumas y f..... complejos. ¿Quién caramba quiere heredar
nuestra porquería? Te repito y te ruego: NO CONDENES A TUS HIJAS. TIENES
que "situarte" y guiarlas con las lecciones que has aprendido, no haciéndolas
pasar por lo que TÚ has pasado. –(Estoy escuchando la canción de Cucú Dia-
mantes de su álbum *Cuculand*, que se llama, "Amor Crónico" y pienso en TI
cuando dice: "háblame de amores, háblame de ti y de mí, sin ti la vida pierde sus
colores..." Nunca pierdas el sentido del humor.) Dices que eres "heterosexual"
pero que te desenvuelves en un mundo de "varones *gay*" como tú les dices, que te
"resulta fascinante" y te empeñas en SACARLOS DEL CLÓSET. Fíjate si tú misma
sabías en dónde te metías, que me cuentas que ver a dos hombres juntos era para
ti "el clímax más grande", al igual que confiesas saber que un hombre, "...por
muy *gay* que sea, cuando está bien caliente en una cama se la introduce lo mismo a una mujer que a un hombre, aunque sea con los ojos cerrados". Estos son
indicios de que a TI te gusta jugar con fuego y debes admitir QUE TE QUEMAS-
TE. En mi época, les decían *fag hags* a mujeres que, como tú, utilizan a ese amigo
o amor homosexual como si fuera un accesorio; una prenda más con la cual
estar a la moda. Es un término despectivo, pero muy descriptivo.

Hoy defines al padre de tus hijas como "perverso y mentiroso", a su pareja
como "sidoso" y hablas de su "bochornoso proceder". Pues, yo te pregunto,
¿cómo describirías el principio de tu relación con ÉL? Tú la describes así: "...fue
como una pasión descomunal entre dos cuerpos sin distinción de sexo"; e inclusive dices: "En aquel momento no me importaba lo que se decían de las enfermedades de transmisión sexual y mucho menos del flagelo de la época que era el
SIDA." ¡Menos mal que hoy en día, sabemos mucho más!

Y dime, ¿qué cosa es un "heterosexual con algunas desviaciones"? ¿Acaso te estabas describiendo TÚ? Eres una hipócrita. Tú misma lo describes como "padre ejemplar" hasta que no pudo reprimir más su sexualidad y en lo que sabías muy bien, TERMINARÍA, y si no lo sabías, ya lo aprendiste.

En vez de mirar las cosas negativas, no les siembres a tus hijas el ODIO, eso no es un valor moral. Mientras más lo insultas a él, MÁS TE INSULTAS TÚ. Es decirles a tus hijas que el ser que escogiste como su padre no tiene nada de valor como ser humano. Eso no es actuar con el mejor interés de tus hijas. El prejuicio no es parte de la naturaleza humana: es una enseñanza. Hay muchos estudios hechos por psicólogos, sociólogos y muchos otros "ólogos" que concluyen que los hijos de los *gays* o "heterosexuales con algunas desviaciones", como dices tú, son personas más ajustadas y tolerantes.

Te diré que en mi experiencia de abogada en el área de familia, tu postura no va a resultar suficiente para quitarle los derechos de padre, a menos que puedas probar que su comportamiento no apoya el mejor interés de las hijas de ambos. Por lo que me cuentas, creo que te equivocas, porque nada de lo que me has dicho parece afectar el bienestar de ellas. De hecho, no me has dado ni una sola razón válida, para que él pierda su derecho constitucional como padre de compartir tiempo con sus hijas. Deberías de estar aprovechando lo bueno que él te ofrece, pues estoy segura de que si tu actitud fuera otra, él mismo te ayudaría a desarrollarte en algo que realmente te guste, y no culparlo por no "pasar de asistente de fotografía". Tú decidiste qué hacer con tu tiempo. Doce años de relación indica que es un ser capaz de enfrentar sus acciones y legalmente es un factor que beneficia la posibilidad de que consigas la prueba de la manutención rehabilitadora (o el *rehabilitative alimony*, como se le dice en Estados Unidos). Con respecto a la transferencia de sus propiedades a las hijas, ellas no tienen ese derecho. Los padres tienes la obligación de ayudar a mantener a sus hijos de acuerdo a lo que ganan. Tú lo que quieres es CASTIGARLO porque ya no puede seguir viviendo "la farsa" contigo. No tienes base para una orden de restricción, no le temes, ni él te ha puesto en peligro, ni te ha golpeado. No lo denigres más diciéndole "mariquita", y ojalá no lo hagas delante de los demás o de tus hijas. Ellas no son culpables de que TÚ lo hayas escogido como padre de tus hijas. Estoy segura que te hace falta recibir terapia para que puedas reconciliar los sentimientos encontrados que te envenenan. Y estoy segura también de que si ustedes se pusieran a litigar este caso, el abogado del padre haría una moción para que te hagan una evaluación psicológica.

Al final de cuentas, ¿qué importa que te casaras con un gay? Es homosexual, no extraterrestre. Lo que importa es lo que aprendiste durante el tiempo que compartiste con esta persona. Cuánto amaste, cuánto odiaste… en fin, lo que viviste. ¿Cómo fue la energía que cambió tu espíritu, tu comportamiento y tu actitud para enfrentar el destino y cumplir con la tarea que tienes que cumplir?: CRIAR A TUS HIJAS SANAS. El matrimonio NO ES para SIEMPRE, el AMOR SÍ.

Espero que recapacites y te concentres en lo que es realmente importante: EL AMOR QUE SIENTES POR TUS HIJAS.

Gracias por la confianza que depositaste en mí al escribirme y comprende que mis consejos tienen el único propósito de evitarles sufrimiento a tus hijas.

Con mis mejores deseos,

Dra. Ana María Polo

Estimado padre *gay*:

Siento mucho la situación en la que te encuentras, especialmente, si me estás contando los hechos tal y como sucedieron. Como es obvio, al escribirme y pedirme consejo sabiendo que la otra parte también lo hacía, ustedes han renunciado a cualquier conflicto de interés que pudiera existir en leer y responder a las cartas de ambos.

Te informo de inmediato que tu confesión de ser "adicto al sexo" debes consultarla y tratarla con un psicólogo para asegurarte de que de ninguna manera pueda afectar el bienestar de tus hijas.

El comportamiento de la madre de tus hijas me preocupa. Ella no admite en su carta ni la mitad de la versión que tú me cuentas. Sin embargo, me das una explicación lógica de cómo ella se pudo apoderar de las imágenes fotográficas que ella admite tener. Estas fotos, con las que ella te amenaza con publicar en Internet, le harían mas daño a tus hijas que a ti. Ella no está pensando en sus hijas, solamente en hacerte daño y castigarte. Espero que no lo haga.

Cuando me dices que "los seres humanos se hacen ilusiones", TÚ también te las hiciste pensando que esta "excelente persona", como la describes tú, "sería tu mejor amiga en el mundo". Pues te salió mal la jugada; te equivocaste en grande. La madre de tus hijas te está sacando las garras afiladas y es capaz de mentir y distorsionar la "realidad", fabricar hechos y sentimientos, POR VENGANZA.

Me revelas que eres discreto y me preguntas qué puedes hacer. Pues continúa siendo discreto. Que te hayas responsabilizado por tus hijas, comprándoles una casa y abriéndoles una cuenta bancaria VOLUNTARIAMENTE, demuestra que sabes cumplir con tus obligaciones. Eso es esencial en estos casos.

Tu orientación sexual no debe afectar tu relación con tus hijas, ni creo que los jueces de este siglo sean tan intolerantes. Sin embargo, anda derechito porque siempre hay uno que otro que comparte los prejuicios de la madre de tus hijas.

Lo que interesa es el COMPORTAMIENTO con los hijos y que "el mejor interés de ellas" sea tu más alta prioridad.

Ninguno de los dos me informó de su estado civil. No sé si se casaron o simplemente vivieron juntos. Lo digo porque la acción legal que comenzaría a poner sus vidas en orden sería diferente. Si están casados, te aconsejo que presentes una demanda de divorcio, y si no, debes presentar una causa para establecer la paternidad, custodia, manutención, etc. Debes ser TÚ quien presente dicha causa legal, puesto que son TUS derechos de contacto con tus hijas lo que se están violando sin causa justa.

Espero que con el TIEMPO puedan tener una relación cordial y amistosa por el BIEN de sus hijas. Haz un esfuerzo sobrenatural por llevar la fiesta en PAZ y comunicarte con ella SIN PELEAR.

Gracias por la confianza y la admiración.

Un abrazo,

Dra. Ana María Polo

Entre el cielo, la tierra... y la tecnología

Querida Dra. Polo: Las cartas secretas de CASO CERRADO

Ana María Polo:

Necesito su ayuda porque no entiendo lo que me está pasando. Le escribo desde la prisión de mujeres en Chino, California, donde espero los resultados de una apelación a mi juicio. Me llamo Josefina, soy de origen mexicano, y por estos días cumplí 43 años. Pues le voy a contar la mera verdad de todo lo que pasó. Yo vine de México siendo niña. Me crié con mi abuela, y me casé con Vicente, mi marido de toda la vida, con tan sólo 16 años, pues Vicente me llevaba 20 años de edad y un buen día me robó de casa de mi abuela. Le pedí llorando que me regresara, y Vicente me dijo: "Tranquila, quédate feliz que me voy a casar contigo y voy a pedirle permiso a tu abuelita".

Fue así, doctora, como me casé con mi marido. Vicente trabajó bien duro toda la vida. Quiso tener hijos, me pedía todos los años un hijo pero yo como que tenía problemas, porque siempre perdía las barrigas. Yo le rezaba mucho todas las noches a la Virgencita para que me aguantara una, una sola barriga, pero se me iban en sangre, nomás empezaba a crecer la criatura. Vicente me llevó a un doctor y ese señor dijo que yo no podía tener hijos nunca. Un problema de mi vientre, no sé bien cómo era el problema, yo no sé explicar con palabras médicas. Entonces Vicente estuvo muy tristón durante muchos meses. Fíjese que hasta dejó de encariñarme. Me propuse ser una esposa muy buena y le dije a la Virgencita que si no me dio la bendición de tener un hijo por lo menos me bendijo con un hombre honrado y laborioso.

Pasaron los años. A Vicente como que se le fue olvidando aquello de tener hijos. Creo que se conformó con estar los dos juntos. Eso era lo importante. Me di de cuenta de que él se había envejecido mucho, creo que por lo de no tener hijos, pero igual me siguió queriendo mucho y al poco tiempo volvimos a tener relaciones en la cama. Al cabo del tiempo, Vicente me llevó otra vez al médico y le dijo que me sacara todo lo que me hacía quedar embarazada, si total lo único que conseguía era ilusionarnos por gusto y hacernos sufrir. Entonces el médico cumplió lo que mi marido le pidió y desde ese momento Vicente y yo podíamos tener sexo sin que yo me preñara de nuevo. Creo que esos fueron los mejores años de nuestro matrimonio. Vicente llegaba del trabajo y me buscaba para desnudarme y acostarnos juntos. Fueron tiempos muy bonitos. Nos teníamos a nosotros dos. No hacía falta más nadie. Yo era muy feliz. Me levantaba cada día cantando y cocinaba y limpiaba todos los días la casita para que Vicente llegara contento, y entonces yo le tenía una chela bien fría. Vicente se sentaba en la sala y yo le quitaba los zapatos y las medias. Le daba un masajito en los pies y él me contaba todo de su jornada. Ahora recordando esos tiempos se me mojan los ojos, doctora. No quiero recordar eso porque entonces no puedo dormir y me paso dando vueltas en esta litera incómoda de la prisión. Mi compañera de celda me dice que me olvide de todo eso, que si no me voy a volver loca, que lo que pasó en el pasado hay que enterrarlo y mirar hacia el futuro. Pasa, doctora Polo, que no consigo mirar al futuro, no puedo encarar el futuro sin Vicente.

Lo extraño desde que me despierto hasta que me acuesto. Hasta durmiendo pienso en Vicente, pienso en sus caricias y en sus ronquidos y en su voz gruesa entrando por la puerta de nuestra casita. Hay noches que le pido a Dios y a la

Virgencita que me lleve junto a Vicente pero ya ahorita mismo porque no aguanto estar sin él. El problema es que dicen que estoy enferma de la cabeza por lo que hice, que eso lo hacen los locos. Mire usted, le voy a echar el cuento para ver su opinión.

Una noche yo estaba dormida y de pronto me despierto porque siento que Vicente me está haciendo el amor. A él le gustaba mucho sorprenderme así dormida. Y yo lo disfrutaba también. Entonces cuando termina se acuesta a mi lado y yo me acurruco en sus brazos. Me quedé dormida, muy satisfecha. Entonces como al cabo de unas horas, escucho un grito de Vicente a mi lado en la cama. Me despierto asustada y lo miro y él estaba tranquilo. Pues yo pensé que era una pesadilla. Regreso a dormir y en la mañana, cuando suena el reloj despertador, me doy cuenta de que Vicente no se mueve. Lo sacudo y no se mueve, está como tieso, con los ojos abiertos. Yo empiezo a llorar sin consuelo. Me dolió tanto su muerte. Yo sabía que estaba muerto. Llorando le pregunté a Dios y a la Virgencita por qué me habían castigado, bastante tuve con lo de no tener hijos, y ahora vienen y me roban lo único que tengo en este mundo ¿Por qué, Virgencita, por qué te me llevaste a Vicente, si yo siempre fui una buena esposa, una mujer sensata que adoraba a su esposo?

Pero nadie me respondió, doctora. Entonces me di cuenta de que su miembro viril todavía estaba bien duro, como si no hubiera muerto. Era algo muy extraño, doctora. Me llamó tanto la atención que me subí encima de Vicente y empecé a hacerle el amor. Le juro que pensé que a lo mejor así podía traerlo de vuelta de la muerte, como despertarlo. Lo hice varias veces esa mañana. Su miembro viril seguía tieso, bien duro, pero mi Vicente no resucitaba.

Querida Dra. Polo: Las cartas secretas de CASO CERRADO

Al segundo día de muerto, bañé a Vicente allí mismo en la cama con una colonia de violetas porque estaba empezando a oler a muerto. Y así todos los días su piel empezó a ponerse de color amarillo pero yo decidí mantenerme fiel a Vicente y cuidarlo. No quería que me lo llevaran. No quería que me separaran de él. Vicente era lo único que tenía en este mundo. Y de pensar en esos gusanos comiéndose a mi Vicente me daban ganas de matarme. Sobre todo su miembro viril. Agarré un cuchillo de la cocina y se lo corté despacio. Me dio lástima con Vicente pero igual lo guardé en la nevera. Entonces cuando tenía deseos de sentir el amor de Vicente lo sacaba de la nevera, lo calentaba un poco en el microondas, como mismo hago con la carne para cocinar, y lo amaba por un rato hasta que se volvía a poner frío.

De vez en cuando algún vecino llamaba a la puerta. Yo me mantuve en silencio. Pensé, tarde o temprano alguien de la comisaría va a llegar y me van a encerrar en la casa de los locos. Se van a llevar a mi Vicente y a encerrarme con los locos. A lo mejor me dan corrientazos en la cabeza como a esos pobres locos. Entonces me dije, antes que eso prefiero estar muerta.

Fue así como decidí tomarme un frasco de calmantes. Creo que habían pasado como dos semanas de su muerte. Lo aseguro porque su olor a muerto estaba más fuerte y ya los baños con colonia y perfumes no conseguían espantar el mal olor. Entonces me senté a su lado en la cama y empecé a tragarme pastilla por pastilla con agua, hasta que perdí el conocimiento o eso creo. La verdad, doctora Polo, es que pensé que había fallecido. La verdad es que sentí cómo mi alma abandonaba mi cuerpo, cómo algo de mí se apartaba de mi cuerpo, como si flotara en el aire del cuarto. Cuando desperté me encontré todo blanquecino, un color blanco muy brillante, y me dije, Josefina, estás en el paraíso. Entonces empecé a buscar con la vista a mi Vicente pero nomás encontré a gente vestida de blanco, enfermeras y un doctor mirándome de frente. Y cuando quise moverme caí en cuenta de que estaba atada a la cama. Me informaron que no estaba en el paraíso. Que estaba en el hospital de un centro penitenciario, pues estaba acusada de necrofilia.

Doctora Polo, ahora puedo escribir la palabra necrofilia pues me la repiten tanto que hasta me suena muy bonita. Mi abogado me la repitió hasta el cansancio, el juez, el fiscal, hasta las demás reclusas me tratan como la necrófila. Y yo no entiendo por qué razón me acusan de algo tan injusto. Yo sólo quise marcharme al cielo con mi marido Vicente. No quise que lo metieran en un hueco bajo tierra para que los gusanos le comieran los ojos. ¿Qué delito cometí?

No lo maté, doctora Polo. Vicente ya estaba muerto cuando me desperté esa mañana. Me han metido presa por amar a mi esposo. Yo sé que Diosito dijo hasta que la muerte nos separe, pero yo pienso que hay que amar a los maridos mucho después de la muerte. Los abogados querían que yo dijera que estaba loca. Pero yo le dije al juez que no estaba loca, que Vicente era mi mundo, y estuve junto a él sin importar ese olor fuerte. En el juicio me preguntaron si tuve relaciones con Vicente después de fallecido y yo les dije la verdad, que sí las tuve, porque nunca digo mentiras. Yo amaba a mi Vicente con todo el tamaño de mi corazón ¿Acaso eso no es ser una esposa fiel?

Querida Dra. Polo: Las cartas secretas de CASO CERRADO

Le pido su ayuda para salir de la situación en la que me encuentro. Todas las tardes disfruto de su programa. Aquí la quieren mucho. Reclusas y guardias por igual. Estoy segura de que usted sabe el secreto para salirme de este infierno.

Muchas bendiciones para usted y para los seres que le rodean. Que la Virgen y el Señor la protejan del mal y la sigan iluminando con el camino de la sabiduría.

Un saludo,

Josefina

Querida Josefina:

Recibo las bendiciones que me envías con sincero cariño y te envío, de igual manera, bendiciones y calma para poder enfrentar el doloroso momento que ahora atraviesas. Además, le pido a la Virgencita que me ilumine para poder responderte de la manera que mejor TÚ puedas entender, porque lo que me pides, salir de ese infierno donde estás, es complicado y difícil porque no es ni blanco ni negro. Es totalmente GRIS. Te explico. Entre los cargos que estás enfrentando, porque estoy segura de que hay otros (como no haber reportado el intento de suicidio y posterior fallecimiento) está la necrofilia, según lo que me cuentas. El diccionario de la Real Academia Española define necrofilia como una: "perversión sexual de quien trata de obtener placer erótico con cadáveres", y estoy segura de que en el código penal del estado de California este comportamiento está sancionado. Sin embargo, estimada Josefina, TÚ PIENSAS que sólo has hecho lo que una mujer leal y enamorada hubiera hecho por su amado esposo. Así me lo comunicas cuando me dices: "Me han metido presa por amar a mi esposo".

Tampoco me das tu opinión con respecto a la manera en que Vicente te sacó de casa de tu abuela a los 16 años en contra de tu voluntad. Mi impresión es que te secuestró y te mantuvo presa hasta convencerte de que tú lo amabas. Pero, ¿de qué vale ponernos a analizar cosas que ya pasaron, verdad?

Al grano, Josefina, y aquí va lo que más me preocupa de tu caso. El que hayas tratado de suicidarte tomando pastillas me parece bastante serio. Tú, que crees en Dios y la Virgencita, sabes bien que la vida es un regalo del cielo y hay que cuidarla.

Dices que en el JUICIO, tu abogado te pidió que te declararas LOCA, pero dudo mucho que hayas tenido un juicio sin haberte sometido a una evaluación psico-

lógica. La cita en corte a la que te refieres debe haber sido una audiencia prelimi-
nar. No importa cuantas veces grites que no estás loca, que lo recalques un
millón de veces, tu comportamiento grita más alto que TÚ y dice lo contrario.
Fíjate, de nada vale que te declares incompetente porque las acciones dicen más
que las palabras, y tu comportamiento el día que descubriste a Vicente muerto y
los subsecuentes días no es el de la persona promedio o el de un ser razonable,
como la ley lo exige. Además, tú NI CUENTA TE DAS que lo que hiciste NO SE
PUEDE HACER PORQUE LA LEY LO PROHÍBE.

Josefina, pide hablar con tu abogado y pide una evaluación psicológica y psiquiátrica y estoy segura de que recibirás el tratamiento que necesitas y no PRI-
SIÓN. Tú necesitas ayuda y no castigo. Ya la vida te ha castigado bastante.

Dicen por ahí que los locos no saben que están locos. ¿Será cierto?

Un abrazo fuerte y un saludo a todos los que gozan del programa.

Con cariño,

Dra. Ana María Polo

Doctora Ana María Polo:

Empiezo por expresarle mi inmensa gratitud hacia usted y hacia su programa *Caso cerrado* por haberle abierto las puertas a tantas mujeres y familias y ayudarlos a encontrar la paz espiritual que tanto necesitan. Vivimos en mundo colmado de tentaciones. Un mundo peligroso en donde los seres humanos han perdido poco a poco las enseñanzas de Jesús, y en donde la palabra del Señor ha sido sustituida por los medios masivos que propagan la violencia, la vulgaridad y los pecados de la misma manera que Cristo repartía el pan y el vino entre sus discípulos.

Escribo esta carta con la esperanza de que usted me tienda la mano y me aconseje en este difícil momento de mi vida, cuando las fuerzas del mal se han aprovechado de mi debilidad humana y amenazan con destruir mi futuro. Mi nombre es Fátima Mendoza, acabo de cumplir 33 años, soy de descendencia mexicana, pero nací y me crié en Estados Unidos, este grandioso país bendecido por el Cristo. Me gustaría ante todo contarle un poco de mi vida, pues no deseo que juzgue mi presente antes de conocer un poco mi pasado. Yo me crié en el seno de una familia católica practicante. Desde niña fui a un colegio de monjas, donde estudié la palabra del Señor a la vez que las hermanas me prepararon para enfrentar el futuro de manera digna. Fui una excelente estudiante. Mis calificaciones fueron el orgullo de mis padres. Mi mayor aspiración era estudiar una carrera universitaria, específicamente medicina, y salir por el mundo a ayudar a los más necesitados. Mi sueño, sin embargo, se vio truncado cuando me enamoré de mi primer esposo. Tomás era el hijo del mejor amigo de mi padre. Desde chico me acostumbré a verlo en mi casa, pero como sus padres viajaban a México todos los años, hubo una época en mi vida en que desapareció por un largo periodo. Regresó justamente por los días en que yo celebraba mi 17 cumpleaños. Lo recuerdo con nitidez porque aquella fiesta, mi cumpleaños, fue la primera vez en la vida en que un hombre me besó en los labios. Desde aquella noche, Tomás se apoderó de mi mente y de mi corazón y no hubo día en que no pensara en él. Fue también la primera vez que empecé a sentir los impulsos del pecado carnal, a sentir el deseo de hacer el amor con un chico.

Como mi madre me enseñó, cada vez que Tomás me tocaba mis partes y me pedía sexo, yo le explicaba que mi virginidad sólo la perdería con aquel hombre dispuesto a casarse conmigo. Me mantuve fuerte. Por dentro el escozor quemaba mis entrañas y hubo ocasiones en que casi caí en la tentación pero, como dije antes, me mantuve firme y sólo Dios sabe las noches de insomnio que sufrí por culpa de las calenturas. Tomás me sorprendió. Un buen día se apareció en mi casa en medio de la cena y con valentía pidió mi mano en matrimonio. Mi padre se quedó como mudo. Yo tenía, como dije antes, 17 años. Ellos accedieron con la condición de que Tomás me permitiera estudiar una carrera universitaria. Finalmente, pasados unos meses nos casamos por lo civil y por la Iglesia católica y durante la luna de miel perdí mi virginidad con mi primer marido. Todo como Dios manda. Como debe ser.

No deseo extenderme mucho contando mi época de casada. Sólo quiero decirle, doctora Polo, que fueron años de

Querida Dra. Polo: Las cartas secretas de CASO CERRADO

pesadilla. Al poco tiempo de casados Tomás se convirtió en un hombre machista, celoso y desconfiado, y cuando salí embarazada me prohibió continuar mis estudios y me convertí en una madre ama de casa desde entonces. La felicidad de ser madre alivió durante años las frustraciones de mi vida, pero cuando mi hijo se hizo grandecito, cuando cumplió 7 años, quise regresar a los estudios y otra vez Tomás me lo prohibió de manera tajante. Ya por aquel entonces descubrí que se acostaba con otras mujeres a mi espalda, de modo que cuando acudí a mis padres para pedirles apoyo en mi divorcio, ellos me recibieron de vuelta en el seno familiar. El divorcio fue un proceso duro, doloroso, en el cual perdí muchas energías, y en el que mi corazón formó una coraza bien fuerte, pues juré a Dios que nunca volvería a caer en los engaños de los hombres.

Doctora Polo, ahora confieso que fui la mujer más ingenua de la Tierra. Nada de lo que pasé con Tomás me iba a preparar para lo que vendría más adelante. Le cuento que problemas financieros y familiares impidieron la continuación de mis estudios. Decidí sacrificar mi sueño de convertirme en doctora por el futuro de mi hijo. Trabajé en todo tipo de empleos, desde mesera hasta en limpieza de oficinas, pasando por cajera de supermercado. Estaba tan ocupada que no me alcanzaba el tiempo para disfrutar de la vida. Tampoco me importaba mucho. Solamente me importaba ganar dinero para mantenerme y que no le faltara nada a mi hijo. Pero la soledad, doctora, la necesidad de ser amada por un hombre, empezó a perjudicar mi tranquilidad espiritual. Siguiendo los consejos de una compañera de trabajo, escribí un anuncio en un diario, uno de esos anuncios donde las personas buscan parejas porque no tienen tiempo para la vida social.

Varios hombres contestaron el anuncio. La mayoría, tipos sin vergüenza en busca de sexo fácil o amoríos ilegales. De todos ellos hubo uno que me robó el corazón desde la primera cita. Se llamaba Jacinto, era alto, apuesto, muy educado, amable y cariñoso como ninguno. Su forma de hablar ablandó la coraza que protegía mi corazón y en nuestra tercera cita me entregué en cuerpo y alma. Fue una noche muy romántica. Jacinto me llevó a cenar a un restaurante de lujo, me regaló un ramo de flores y culminamos la noche haciendo el amor en el cuarto de un hotel hermoso. Por primera vez en mi vida me sentí amada, querida, deseada, pues Jacinto era un amante espectacular. Aunque no tuve ninguna queja, me llamó mucho la atención que nunca quiso visitar mi casa ni conocer a mi familia, especialmente a mi hijo. Jacinto ponía como pretexto el poco tiempo de nuestra relación. Pero al pasar los meses comencé a sospechar que me ocultaba algo sobre su vida privada. Una amiga, la misma que me recomendó colocar el anuncio, me explicó que había muchos hombres casados que usaban el método de los anuncios para buscar amantes y que se salían con la suya porque ni la mujer ni la amante de turno se cruzaban en su horario. Es decir, que tenían planificada su vida de manera tan perfecta que ni la una ni la otra jamás descubrían la verdad. Ella me aconsejó que siguiera a Jacinto algún día después de nuestra cita. Yo seguí el consejo. Así fue como un viernes, después de separarnos, me subí a mi coche y perseguí a Jacinto manteniendo la distancia para no ser descubierta.

Doctora Polo, lo que descubrí fue tan terrible que no tengo palabras para expresar mis sentimientos aquella noche, cuando el coche de Jacinto se estacionó en el *parking* de una iglesia. Cuando me bajé de mi coche casi temblando de miedo, entré al templo buscándolo con mi mirada, pero no lo encontraba, hasta que pasado un tiempo Jacinto se apareció en el púlpito, vestido de sotana, rodeado de dos monaguillos. No recuerdo cómo salí de aquel lugar. No recuerdo cómo tuve fuerzas para prender mi coche, conducir hasta mi casa y echarme a llorar en la cama. Esa madrugada le recé a Dios, le pregunté por qué razón me había hecho algo tan horrible ¿Era una prueba que me imponía? ¿Me estaba castigando por abandonar el camino de la fe? No encontré respuestas pero sí encontré la fortaleza para encontrarme otra vez con Jacinto. Y cuando apareció ante mí con su sonrisa ingenua, le di la cachetada más fuerte que jamás di en mi vida. No hubo necesidad de contar mucho. Él me llevó del brazo a su coche. Allí se echó a llorar como un niño. Me suplicó perdón y comprensión, me confesó que nunca antes estuvo con otra mujer, pero que la necesidad de amar lo llevó a mis brazos. Él se consideraba un fiel siervo del Señor, pero culpó a la Iglesia católica por mantener el celibato, una atrocidad injustificable, pues el único propósito era evitar que los curas crearan una familia. De ese modo, una vez fallecido el sacerdote, la iglesia hereda todos los bienes. Me explicó que ése es el verdadero propósito del celibato. Los curas son seres de carne y hueso, tienen los mismos sentimientos y las mismas necesidades sexuales que todos los mortales. Me juró que estaba dispuesto a abandonar la Iglesia y unirse en matrimonio con una mujer, sólo que llevaba años esperando la mujer de sus sueños y ésa era yo.

Como podrá imaginar, doctora Polo, yo creí en sus palabras. Cuando el amor es ciego, se convierte en amor maldito, y coloca un velo invisible ante nuestros ojos. Jacinto me pidió tiempo y yo se lo concedí. Hasta cierto punto me sentí orgullosa de vivir un amor prohibido, un amor que sólo se encuentra en las telenovelas. Creo sinceramente, y que Dios me perdone, que ese obstáculo en nuestra relación alimentó mi amor por Jacinto. Me entregué a él con más deseos, con más ardor. Vivir en pecado es algo peligroso, pero cuando estamos en medio del placer la vida parece eterna. Estamos violando las leyes sagradas y eso alimenta el fuego de la pasión. Una vez abierta las compuertas del pecado, Jacinto empezó a comportarse más atrevido y vulgar. Comenzó a decir palabras sucias en la cama, a poseerme con violencia. Yo me asustaba a veces pero de alguna forma esa nueva actitud me excitaba más.

Al pasar de los meses le exigí que cumpliera sus promesas. Él me pedía más tiempo. Pasaban los meses y se repetía lo mismo. Que le diera más tiempo. Finalmente un día no pude soportar más y lo amenacé con hacer pública nuestra relación si él no cumplía la promesa de abandonar la Iglesia. Se asustó mucho. Se lo dije llorando de rabia, desnuda en la cama, como una pecaminosa sucia, una prostituta de Babel. Jacinto se vistió y salió del cuarto del hotel y de mi vida por un tiempo. Yo no quise darme por vencida. Empecé a seguirlo, a vigilar sus pasos. No sé qué pensaba en aquel tiempo. Estaba como demente. Una noche esperé horas en el *parking* de su parroquia escondida en mi coche hasta que Jacinto terminó su misa. Lo seguí en la calle, hasta que entró a un restaurante de las afueras. Allí dentro estuvo por espacio de una hora, cuando salió acompañado de otro hombre que no conocía. Juntos se subieron al coche de Jacinto. Por supuesto que también los perseguí hasta que llegaron al lugar que menos yo esperaba: un motel.

Doctora Polo, no quiero entrar en detalles concretos de lo que descubrí aquella noche porque de recordarlo me dan ganas de vomitar. Jacinto y aquel hombre entraron al cuarto del motel. Yo no tuve dudas de lo que habían venido a hacer. El coraje que agarré fue tan enorme que no sé de dónde saqué fuerzas para bajarme del coche, caminar hasta la puerta del motel y golpear en la puerta. El otro hombre entreabrió la puerta, desnudo, cubierto por una toalla. Con toda mi fuerza lo empujé y al entrar descubrí a Jacinto en la cama en una posición tan vergonzosa que no voy a describir. Sin embargo, lo más grave del asunto es que días después, cuando al fin me estaba recuperando de aquella pesadilla, abro un periódico y me encuentro con que aquel hombre que se acostó con Jacinto es también un sacerdote católico, acusado de abuso sexual a menores en su parroquia.

¡Qué horror, doctora! Estaba con una bestia de Satanás y no me di cuenta. Me entregué en cuerpo y alma a un discípulo del diablo y estoy tan sucia de pecado que no me alcanzan las horas para rezar y pedir perdón.

No obstante, alguien tiene que pagar por la corrupción de mi alma. Y ese alguien es la Iglesia católica. Por culpa de sus leyes inhumanas y arcaicas fui víctima de abuso sexual. Me convertí en una esclava del demonio porque ellos permitieron que un sacerdote como Jacinto, un lobo disfrazado de oveja, me corrompiera el alma y destruyera mi espíritu.

Pero antes, doctora Polo, quiero escuchar un consejo de usted. Quiero que me diga, sinceramente, qué posibilidades hay de ganarle una batalla a la Iglesia católica. Quiero demandar al padre Jacinto por fraude, además de que me paguen tratamiento psicológico porque estoy a punto de perder la cabeza. Además, y esto es lo que más me importa, deseo protestar pacíficamente fuera de la iglesia, cada domingo antes de misa, para que los feligreses descubran quién es en verdad el padre Jacinto, un bisexual, engañador que predica la palabra de Dios pero que se comporta como un pervertido sexual. También me gustaría saber si usted está dispuesta a representarme en esta batalla. Para mí sería el orgullo máximo de tenerla como mi abogada.

Le envío un gran abrazo. Que Dios la bendiga.

Fátima Mendoza

Querida Fátima:

Aunque el mundo está en CONSTANTE movimiento, los seres humanos insistimos en TRATAR de mantener todo igual. La educación que tus padres te proporcionaron debe haber sido muy buena PARA ELLOS en su tiempo, pero no para ti en este mundo en que vivimos. Me refiero a esa educación que hace de la mujer el SEXO débil. No, no soy feminista en el sentido político de la palabra. Simplemente, nunca he visto a la humanidad de esa manera. Por ejemplo, aunque soy latina y MUJER, nunca me vi como parte de la "minoría" en Estados Unidos. Pensaba que ser "minoría" era una limitación, y las limitaciones no son parte de mi VISIÓN en la vida. En tu caso, cuando le añades a esta educación un toque de "fanatismo" religioso, tu capacidad de tomar decisiones beneficiosas para ti disminuye. Por ejemplo, hablas de "fuerzas del mal" y dices que "la palabra del Señor ha sido sustituida por los medios masivos que propagan la violencia, la vulgaridad y los pecados". Creo que exageras porque no todos los medios propagan lo que TÚ dices.

Tu matrimonio a los 17 años edad fue un error, en mi opinión. No por la criatura que trajiste al mundo sino porque te casaste sin amor, sólo por el deseo de tus hormonas, lo cual es natural a esa edad. Tu padre no debió abordar esa situación permitiendo que te casaras.

Sin embargo, tu experiencia con el "Padre Jacinto" es TOTALMENTE tu responsabilidad, al igual que sus consecuencias. Eres una mujer de 33 años, que decidió acostarse con un hombre que no le inspiraba total confianza, la tercera vez que lo vio después de haberlo conocido. Infiere y deduce. Nadie te obligó, ni te amenazó con armas para que tuvieras sexo con Jacinto.

Hablas de las leyes inhumanas y arcaicas de la Iglesia como las responsables por la "corrupción de tu alma", como si te hubieran VIOLADO. Pero, ése no es tu caso, querida Fátima. En todo caso el Padre Jacinto mintió, pero ¿cuántos hombres no lo hacen día a día? ¿Y a quién demandarías? ¿A sus padres? Creo que te lo estoy poniendo clarito.

Por otro lado, para demandar hay que tener daños reales, por lo general pérdida de propiedades o trauma psicológico con consecuencias permanentes, como los menores que son violados por sacerdotes y quedan traumatizados el resto de sus días. ¿Cuáles son tus daños? "La corrupción de tu alma y destrucción de tu espíritu", no creo que lleguemos a mucho en el sistema "legal" que nos ayuda a vivir con cierto balance; la justicia es cosa de Dios.

Si quieres hacer algo para desenmascarar al descarado de JACINTO, busca las pruebas necesarias y preséntalas al párroco de su iglesia; llama a los medios y mira a ver quién te escucha, pero recuerda, tú también eres parte de esa historia y tienes un hijo a quien proteger por encima de todo.

Vivimos en el siglo veintiuno, Fátima, UBÍCATE.

Gracias por tu confianza.

Cariñosamente,

Dra. Ana María Polo

207

Doctora Ana María Polo:

Me llamo Gabriel y le escribo esta carta para ver si usted me puede echar una mano. Soy chileno y recién estuve par de meses vacacionando en Key West, donde me enganché todas las tardes con su programa. Fui tan lejos a descansar con mi familia, para huir de mi ex polola, que me tiene reventando las p...... Tengo 23 años, estudio en la universidad y también trabajo en el negocio de mi familia (una pizzería) durante las noches para costearme los estudios. Mi ex polola se llama Jessica, es una mina de mi misma edad, fogosa, bien intensa en la cama, a la que le gusta chupar alcohol y también chuparme la p.... cada vez que se le antoja. Yo soy más tranquilo. Soy morocho, alto, guapo, pero no me gusta la joda ni ir a lugares raros. Me gusta mi ex polola, y la quiero mucho, pero de un tiempo para acá la muy huevona se ha dedicado a decir puras huevadas de mí por toda la universidad. Y lo más grave es que ha usado su celular para colgar en la web un vídeo donde estamos c....... encima de la cama de mi cuarto. La verdad no me importa que se le vean las tetas y el c... a Jessica. Ella está muy buena y me gusta cuando los cabros de la clase me lo repiten.

Usted se preguntará qué de extraño tiene el asunto. Pues se lo digo sin tapujos: tengo el pene muy pequeño. Tan chiquito que mi vídeo en la web le engancharon el título de "Pulgarcito se coge a la medusa". Lo de medusa me imagino que se trata de Jessica, pues la mina tiene una cabellera rubia y encaracolada. Estoy recansado de pedirle a Jessica que mande a quitar el vídeo, pero la h...... siempre me dice que tanta gente lo ha copiado que existen miles de copias en la Internet. Sin embargo, yo estoy seguro de que si usted le escribe una carta (acá al final le anoté la dirección postal de Jessica), ella a usted sí la va a obedecer. Ahora le explico la razón.

Hace un tiempo, no recuerdo cuándo, la madre de Jessica estuvo enferma de cáncer de seno. En su casa estuvieron muy alarmados con aquello. Recuerdo que tocaban el tema constantemente y hablaban de personalidades famosas que han vencido esa batalla. Entre esas personas, ellas siempre la mencionaban a usted con mucho respeto y admiración. Perdone el atrevimiento de usarla para esto, pero es algo urgente que creo va a acabar con mi reputación y mi futuro.

Imagínese que desde que regresé de las vacaciones no quiero volver a la universidad, solamente de pensar en todos esos huevones burlándose de mí y sacando chistes en clase. Un día hasta tuve que caerme a trompadas con otro alumno porque el muy c............ dibujó un pene minúsculo en el pizarrón de la clase. Prefiero reventarme de ganas de orinar con tal de no ir al baño. Cuando saco la p.... para orinar siempre hay un huevón mirándomela. Perdone la vulgaridad. Yo sé que soy un universitario pero es que estoy realmente c....... con todo esto. A pesar de esto, lo más importante de todo es que no quiero perder a Jessica. Ella me dice que no le importa mi p.... pequeña y yo siento miedo de no poder encontrar a otra mujer que me quiera a pesar de ese defecto. La verdad la pasamos bien en la cama. Entonces yo le pregunto por qué razón colgó el video en la web y ella siempre me responde que lo hizo por diversión, que yo me preocupo demasiado, que ella se siente orgullosa de tener al novio con la p.... más corta del planeta y que lo hizo para retar a otros hombres a la competencia.

Desde niño me di cuenta de mi defecto. No soy ciego. Viendo a los otros cabros chicos orinando descubrí que mi pene era pequeño y pensé que al crecer, mi p.... crecería también. Mi primera polola, mayor que yo por cinco años, se rió un poco cuando tuvimos la primera experiencia sexual. Sin embargo me advirtió que el tamaño no era lo importante sino la forma de mover el pene. Yo creí en sus palabras por un tiempo. Hasta que me dejó por otro. Le pregunté si era debido al tamaño de mi miembro y ella me aseguró que no, que simplemente el amor había terminado. La segunda nena, mi segunda relación sexual, también me advirtió el detalle, pero me decía cosas lindas, cosas como "mi p........ rica, mi pirulí sabrosito" y nunca me rompió las p...... ni se quejó de insatisfacción. Pero esa segunda polola me dejó sin explicación alguna. Bueno, más bien me dijo que tenía que romper conmigo pues quería concentrarse en los estudios.

Después de aquellas dos, conocí a Jessica. Como le dije antes, ella es muy fogosa y juguetona y al cabo de los meses me pidió grabar en vídeo mientras c......... en mi cuarto. Yo le dije que por supuesto, por qué no, pensando en que iba a ser algo privado para disfrutar nosotros más tarde y calentarnos. Un buen día, un compañero de clase me dice: "Gabriel estás hecho un actor porno famoso, tu vídeo acumula puntaje en la web". Y cuando entro en la Internet y veo mi p.... allí en primer plano, pues nada, luego empezó la burla.

Mis padres no saben nada todavía. Un amigo me dijo que hay tratamientos para agrandar el pene, pero cuestan demasiado. Ya le dije que la poca plata que reúno es para mis estudios. Por favor, doctora Polo, escríbale una nota a mi novia y dígale que me deje de exhibir mi p...... en la Internet.

Gracias,

Gabriel

Queridos Gabriel y Jessica:

No sé si se imaginan pero el video de "Pulgarcito se coge a la medusa" que Jessica colgó en la web puede traerles SERIAS consecuencias. No por el tamaño de tu pene, Gabriel, sino porque es considerado como *sexting* y sus repercusiones son bochornosas y numerosas. Menos mal que USTEDES, con 23 años, ya son ADULTOS, porque si fueran menores de edad podrían enfrentar cargos criminales de pornografía de menores, ser multados y hasta encarcelados, dependiendo del lugar de los hechos, que con la Internet puede ser CUALQUIER LUGAR.

Ahora bien, vamos a definir varios términos para entendernos claramente. *Sexting* es un anglicismo para referirse al envío de contenidos eróticos o pornográficos por medio de teléfonos móviles, de acuerdo a Wikipedia y a otras definiciones legales. El "nuevo" peligro de esta actividad es que el material puede ser difundido muy rápido, fácil y ampliamente, perdiendo el remitente original el control total sobre la difusión del contenido sexual o pornográfico.

Los jóvenes siempre han actuado impulsiva y provocativamente, pero el problema es que la TECNOLOGÍA multiplica y explota ese comportamiento, resaltando, como en el caso de Gabriel, un "pequeño" detalle (su pene) que ahora conocen millones de personas. No quiero ni pensar en el día que seas PADRE y tus hijos lleguen a ver estas imágenes en la web. Esto es una verdadera posibilidad de la cual no te sentirás orgulloso. Es obvio que te preocupas de que AÚN tus padres no se han enterado de la fechoría de Jessica.

Tu preocupación por el precio del tratamiento para agrandar tu pene es la evidencia clara y contundente de cuán despistado estás sobre tu situación. Al fin y al cabo, tu reputación y dignidad como persona es mucho más importante que el tamaño de tu pene, aunque no lo veas en este momento.

Te aconsejo que escribas al sitio donde Jessica colgó el video y les exijas que lo quiten de inmediato. En Estados Unidos un juzgado responsabilizó a Yahoo por no revisar los videos que cuelgan en su sitio. Ahora bien, debes comprender que existe la posibilidad de que millones de personas lo hayan copiado y quede plasmado para la posteridad.

El que tus compañeros de clase se burlen de ti es el menor de tus problemas. Me parece que debes aprender a tener mejores valores y a escoger mejor a tus novias.

Y tú, Jessica, reflexiona y piensa en lo que les digo en esta carta y enmienda tu forma de ser. La chupadera de alcohol y tu amateurista carrera de estrella porno te traerá consecuencias indeseables en tu vida. NO LO DUDO.

El daño ya está hecho y no se puede RETROCEDER. Los adultos tenemos que enfrentar esta realidad muchas veces en la vida. Aprendan y no repitan.

Con mis mejores deseos,

Dra. Ana María Polo

¡Porque aquí el macho soy yo!

"Distinguida" doctora Ana María Polo:

Mi nombre completo es Ramón Medina Cardoso. Soy dueño de un restaurante de comida típica mexicana aquí en Los Ángeles. En el sobre donde envío esta carta puede encontrar si le complace la dirección completa de mi negocio. Le explico todo lo anterior para que no vaya a pensar que siento temor alguno a una respuesta suya, y para que le quede bien claro que me importa un pepino que usted sea una reconocida personalidad de la televisión, ese medio masivo que creo está podrido totalmente, pues lo único que enseñan hoy en día es violencia para los hijos y p...... para las mujeres. No digo yo si hay tantas p.... en las calles, tantas niñas que no han salido de la pubertad y ya andan metidas en discotecas, con el ombligo al aire, chupando drogas y dándole el c... al primer padrote que se les cruce en el camino.

No voy a disculparme por el lenguaje que uso para dirigirme a usted, pues en su programita he visto muchas más porquerías que le quedan chiquitas a lo que le platico en esta carta.

Tengo 55 años de edad, soy un hombre muy trabajador porque así me enseñaron mis padres, que Dios los tenga en gloria. Llevo casado 20 años con mi actual esposa y tenemos una hija adolescente de 19 años, estudiosa y responsable, pero que últimamente como que se me está saliendo de los estribos. Se ha ido transformando en una chiquilla rebelde y contestona y todo es por su culpa, doctora Polo.

No sé como demonio no me di de cuenta antes pero desde hace como dos años vengo escuchando a mi esposa, Mercedes, platicando con la cocinera del restaurante sobre su programa: Que si la doctora Polo dijo esto, que si la doctora Polo puso en su sitio a ese desgraciado, que si la doctora Polo defendió a esa mujer... y así era todos los días. Pasa que yo como manejo mi restaurante y no pierdo el tiempo en semejante burrada como que le fui dando hilo. En una ocasión, la vi comentando con una clienta sobre el caso de una p... Según deduje por la plática, la mujer se había c....... más de 300 hombres y el pobre marido le pidió a usted el divorcio y cuando escuché que usted se lo negó porque la pobre mujercita estaba enferma, que necesitaba tratamiento, le grité a mi esposa que lo que esa mujer necesitaba era encerrarse en un convento para que no contagiara con su plaga virulenta a más hombres o, si no, el remedio de mandarla al Polo Norte a que se c...... esquimales, que los pobres están como que en extinción.

Ay, doctora, diera toda la lana que no tengo en este mundo para que usted viera la cara que puso mi esposa y la idiota junto a ella. Se quedaron pasmadas, igualitas que quedan los idiotas cuando les tiran una foto de sorpresa. Y me da risa, porque a la mayoría de las mujeres les encanta lucir como señoras correctas y, sin embargo, se ponen todas babosas y p...... cuando aparecen esos galanes de telenovelas que en definitiva son todos unos m.......... del tamaño del coliseo.

No obstante mis quejas, mi esposa siguió viendo su programa de *Caso cerrado*. Yo solamente le pedí de favor que no se entretuviese durante el horario pico del restaurante y también que por favor no comentara con ningún otro cliente los asuntos o temas que allí se trataban. Pero como que Mercedes decidió ir probando fuerza poco a poco y, envalentonada

Por culpa de mi mujer, nació p...

con sus consejos, me hizo el caso del perro, cosa que provocó lo que a continuación describo.

Hubo un día en que tuve que darle par de cachetadas para que dejara de prestarle interés al televisor y se concentrara en el trabajo del restaurante, pues bastante poco hace para que pierda el tiempo en esa tontería. La situación llegó al punto en que tuve que prohibirle ver su programa. Mercedes estuvo como dos semanas sin apalabrarme pero me importó un pepino. A mí sólo me importa mi negocio y mantener a mi familia. Trabajo desde el amanecer hasta bien entrada la noche para llevar dinero a mi casa y el único alivio que me concedo es acudir una o dos veces por semana a casa de una amiga íntima para beberme unas chelas y pasar un rato ameno.

No pasaron dos meses cuando descubrí sin quererlo que mi mujer continuaba viendo su programa en las noches en casa de una vecina (donde la dejaba grabando). ¿Y se imagina cuál era la justificación? Que la pobrecita vecina necesitaba ayuda cocinando unos dulces para venderlos en el mercado. Lo que no se imagina es la e.......... que agarré al entrar en aquella casa de sorpresa y ver a Mercedes viendo su programa a las diez de la noche.

Esa madrugada, después de tanto discutir, finalmente perdí los estribos y le di una de cuerazos a Mercedes que si no llega a ser por la llegada de mi hija le juro por el más santo que la cosa hubiese terminado en desgracia.

Mire usted, vaya sumando en la situación en que me ha metido, vaya calculando el daño y a los extremos a los que tuve que acudir por culpa de su endemoniado programita. Y para colmo, como para cerrar el circo en que se ha convertido mi casa, después de aquella noche, como a los cuatro días

Querida Dra. Polo: Las cartas secretas de CASO CERRADO

viene la muy p...... y me informa que presentó la petición de divorcio por abuso doméstico y que tengo por ley que darle la mitad de todo lo que tengo.

¿Pues sabe qué le respondí? Que no le voy a dar ni un c....... centavo. Así mismito como me está oyendo. Ni a ella ni a la traicionera de su hija, quien se puso de parte de su madre. Lo de mi hija ya ni siquiera me da dolor de cabeza ni me extraña en lo absoluto. Terminó contagiada con el virus de la modernidad, como le llaman ustedes las feministas o como m..... quieran llamarlo, pero que no es más que un plan comunista para liberar a las mujeres y convertirlas en p.... que le regalan el c... a cualquiera y ya no se rigen por la moralidad ni respetan los valores familiares. Usted es cubana, así que debe saber de qué hablo.

En cuanto a mi hija entiendo que tengo parte de la culpa por haber sido tan flojo con ella desde pequeña. Si la hubiera educado como mi padre, que Dios lo tenga en gloria, y la hubiera criado con castigos más severos y a correazos como Dios manda, hoy en día fuese una niña de bien y no la p...envilecida en que se ha convertido gracias a programitas como el suyo.

Le informo todo esto para que se sienta orgullosa por haber destruido a mi familia y también para comunicarle que usted está enviando mensajes incorrectos y desubicados a las mujeres. Las mujeres están agarrando mucha ala y ahora se creen con más derecho que lo hombres, cuando en realidad deberían agradecernos por todo lo que tienen en el mundo.

Qué Dios la bendiga y la guíe por el buen camino.

Sinceramente,

Ramón Medina Cardoso

Estimado Sr. Medina Cardoso:

Primero, lo felicito por identificarse. Para mí esto es un acto de valentía en un mundo donde algunos seres se esconden detrás de identidades falsas permitido por la tecnología. Segundo, es usted un hipócrita y un confundido. Llego a esta conclusión después de leer la cuarta oración de su liturgia donde es obvio que para usted YO NO SOY "DISTINGUIDA". Me pregunto una y mil veces por qué a la gente le gusta malgastar la saliva. Además, su opinión de que la televisión esta "podrida" es puramente el reflejo de una mente retrógrada y enfermiza.

Al leer su carta, me doy cuenta de que usted está viviendo en un pasado lleno de prejuicios y machismo y también espera que su hija y su esposa vivan en él. Si usted sacara su cabezota por la ventana de la actualidad, caería en cuenta de que estamos en el año 2010 y que la Internet, los juegos de computadora, las películas, el colegio, la música y todo los que nos rodea ha cambiado desde el tiempo de su niñez. Mi propósito en ese programita que usted tanto aborrece es preparar a las personas, especialmente a la juventud, a que usen el sentido común, sus valores, su intuición y educación para diferenciar entre el bien y el mal, sin discriminación ni fanatismo, y enfrentar el mundo complejo en el que existimos. Mi propósito es preparar el sistema defensor emocional para que puedan atacar los "virus" externos que día a día recibimos de múltiples formas y que son, EN VERDAD, dañinos, como la violencia doméstica, las violaciones, el incesto, el abuso de las drogas y el alcoholismo, los depredadores sexuales, la pornografía infantil, etc., etc., etc.

Ahora bien, seamos sinceros y francos con respecto a los insultos y acusaciones que usted arremete contra mí. El que su hija se haya convertido en lo que usted considera una "rebelde y contestona" posiblemente no tenga nada que ver conmigo. Su rebeldía debe ser consecuencia SUYA. En fin, su hija esta reaccionando a un hombre (padre) machista, controlador, abusador, agresor, manipulador y degenerado con DOBLE MORAL, porque, querido Sr. Medina Cardoso, aquí la única p... es su amiga íntima con quien se toma las chelas y pasa un rato ameno.

Aquí el "muy p......" es usted, que le tendrá que dar a su esposa, Mercedes, lo que la ley de California le otorga por virtud de las leyes de divorcio y, de paso, espero que pague bien caro las cachetadas y golpizas que la pobre ha sufrido a manos de un miserable como usted.

Espero de todo corazón que muy pronto su esposa e hija se liberen de usted y que la próxima vez que le ponga la mano arriba a su esposa, ésta llame a la policía y se lo lleven esposado, como merecen las ratas como usted, agresores de violencia doméstica, y que ese mismo día hagan un gran reventón en el restaurante con música de un buen mariachi y griten a toda voz... ¡¡¡¡¡CASO CERRADO!!!!!

Dra. Ana María Polo

Para que no te pase a ti: Recursos legales

Para que no te pase a ti: Recursos legales

Los problemas que he compartido contigo en este libro, si bien ocurren más de lo que una pensaría, no son la norma. Pero lo que sí tienen en común con los problemas que todos enfrentamos a diario es que son situaciones en las que la información correcta, comunicada a tiempo, puede hacer la diferencia. Tristemente, muchas personas se sumergen tanto en las situaciones que atraviesan que no se percatan de toda la ayuda que tienen a su alcance para mejorar su vida y la de sus familiares.

Por eso, a continuación te ofrezco algunos recursos a los que puedes acceder, en primera instancia, a través de la Internet y desde la privacidad de tu hogar.

No se trata de una lista exhaustiva ni mucho menos, pero creo que si algunas de las personas que escribieron las cartas que componen este libro hubiera sabido que existían, no habrían llegado a las situaciones tan intolerables que acabas de leer.

Así que, como siempre, con el deseo de ayudar a través de mi conocimiento de la ley y la naturaleza humana, aquí tienes estos recursos legales… para que no te pase a ti.

ABUSO SEXUAL

El Sitio Web Público Nacional de Delincuentes Sexuales Dru Sjodin (NSOPW), coordinado por el Departamento de Justicia de los Estados Unidos, es un esfuerzo conjunto entre las agencias jurisdiccionales que patrocinan registros públicos de delincuentes sexuales y el gobierno federal. Este sitio web es una herramienta de búsqueda que le permite a un usuario hacer una consulta sencilla a nivel nacional para obtener información sobre delincuentes sexuales a través de una serie de opciones de búsqueda:

• Por nombre

• Por Jurisdicción

• Por código postal

• Por condado (si la Jurisdicción lo proporciona)

• Por ciudad/pueblo (si la Jurisdicción lo proporciona)

• A nivel nacional

El criterio de búsqueda se limita a lo que cada jurisdicción individual pueda proporcionar. Además, debido a que cada Jurisdicción, y no el gobierno federal, patrocina la información, el usuario debe verificar los resultados de la búsqueda en la Jurisdicción donde se presentó la información. Para obtener más información y/u orientación, se les recomienda a los usuarios visitar los sitios web de la Jurisdicción correspondiente, según sea necesario.

Fuente: El Sitio Web Público Nacional de Delincuentes Sexuales Dru Sjodin (NSOPW)

http://www.nsopw.gov/Core/Conditions.aspx

1-800-656-HOPE(4673), Opción #2

ADICCIÓN AL SEXO

Contesta estas doce preguntas para determinar si tienes un posible problema con la dependencia sexual.

• ¿Guardas secretos sobre tus actividades sexuales o románticas? ¿Mantienes una vida doble?

• ¿Tus necesidades te han orillado a tener sexo en sitios o en situaciones o con gente con las que normalmente no te involucrarías?

• ¿Te sorprendes a ti mismo buscando artículos o escenas sexualmente excitantes en periódicos, revistas u otros medios de comunicación?

• ¿Te has dado cuenta de que tus fantasías románticas o sexuales causan problemas en tus relaciones o que te prohíben dar cara a tus problemas?

• ¿Frecuentemente quieres alejarte inmediatamente de una pareja sexual después de tener sexo?

• ¿Frecuentemente sientes remordimiento, vergüenza o culpabilidad después de un encuentro sexual?

• ¿Sientes vergüenza de tu cuerpo o de tu sexualidad, de tal manera que evitas tocarte el cuerpo o participar en relaciones sexuales?

• ¿Temes no tener sentimientos sexuales?

• ¿Temes ser asexual?

• Cada nueva relación, ¿continúas teniendo los mismos patrones destructivos que te incitaron a romper con la última?

• Tus actividades sexuales y románticas, ¿necesitan cada vez mayor variedad y frecuencia sólo para sentir los mismos niveles de excitación y alivio?

• ¿Te han arrestado alguna vez, o hay peligro de arresto, debido a tus prácticas de voyeurismo, exhibicionismo, prostitución, sexo con menores de edad, llamadas telefónicas obscenas, etc.?

• Tu perseguimiento de relaciones sexuales o románticas, ¿contradice o interfiere con tus creencias o desarrollo espirituales?

• Tus actividades sexuales, ¿incluyen riesgos, amenazas, o la realidad de enfermedades, embarazo, coacción o violencia?

• Tu comportamiento sexual o romántico, ¿te ha dejado alguna vez con el sentimiento de una falta total de esperanza, enajenación, o con ganas de suicidarte?

Si contestaste con un «sí» más de una de estas preguntas, te animamos a buscar literatura adicional como recurso, o a asistir a una reunión de los Sexo Adictos Anónimos para mejor evaluar tus necesidades.

Fuente: Sexo Adictos Anónimos

http://www.sexaa.org/espanol/

(713) 655-5628

ASISTENCIA LEGAL

Si usted necesita un abogado que lo asesore o represente, pregunte a sus amigos y familiares si conocen a alguien que puedan recomendarle. También puede consultar el Servicio de Referencia (en inglés) de la Asociación Americana de Abogados o buscar esa información en su directorio telefónico local bajo el nombre Lawyer Referral Service.

También puede encontrar ayuda en español para asuntos legales de índole general en sitios Web como LawInfo y Centro Legal Hispano. La Asociación Americana de Abogados de Inmigración ofrece un buscador para encontrar un abogado.

Fuente: Directorio de centros de ayuda Legal gratis (probono) por estado:

http://www.abanet.org/legalservices/probono/directory.html

Consejos para escoger un abogado

Muchos abogados que principalmente prestan servicios a individuos y familias tienen experiencia en una amplia gama de servicios legales de demanda frecuente como divorcios y asuntos familiares, testamentos y legalizaciones, bancarrotas y problemas de deudas, bienes raíces, delitos y/o daños personales. Algunos tienen una especialización específica. Asegúrese de que el abogado que está considerando contratar tenga experiencia en el área que usted necesita.

Una vez que haya seleccionado algunos candidatos:

• Llame por teléfono a cada abogado, expóngale su problema legal y cerciórese de que él o ella pueda encargarse de su situación.

• Averigüe si debe pagar por una consulta inicial.

• Solicite un estimado de lo que usualmente cobra por ocuparse de un caso como el suyo.

• Pregunte si los honorarios son por horas de servicio o si su abogado aceptaría un honorario de contingencia, es decir un porcentaje de lo que usted obtenga en el juicio.

La consulta inicial es una oportunidad para que usted y el abogado se conozcan. Después de escuchar la descripción de su caso, el abogado podrá darle una idea general de sus derechos y responsabilidades, así como de las alternativas de acción. Durante la consulta inicial el abogado puede explicarle qué puede hacer por usted y cuánto le costará. No vacile en preguntarle su experiencia en conducir casos como el suyo. Tampoco titubee en averiguar los honorarios y los probables resultados. Si está pensando concertar una consulta inicial y contratar al abogado, solicite un convenio de pago por escrito.

¿Qué hacer si no puede costear un abogado?

Si usted no puede costearse un abogado, podría reunir los requisitos para recibir asesoría legal gratuita de la Corporación de Servicios Legales (en inglés) o la Asociación Nacional de Abogados de Ayuda Legal (en inglés). Generalmente, estas oficinas ofrecen asesoría legal sobre asuntos referentes a: relaciones entre propietarios e inquilinos, créditos, servicios públicos, asuntos de familia (por ejemplo, divorcio y adopción), ejecución hipotecaria, fraudes sobre el valor acumulado de una propiedad, seguro social, asistencia social, desempleo e indemnizaciones a trabajadores. Si la oficina de Asistencia Legal de su área no se encarga de casos como el suyo, ahí mismo podrían recomendarle otras organizaciones nacionales, estatales o locales que estén en capacidad de brindarle la ayuda necesaria. También puede encontrar servicios legales en LawHelp.org (en inglés) y FreeAdvice (en inglés).

Para localizar la oficina de la Corporación de Servicios Legales más cercana a usted, busque en el directorio telefónico local, o comuníquese con:

Corporación de Servicios Legales

www.lsc.gov (en inglés)

Para ubicar la oficina de la Asociación Nacional de Abogados de Ayuda Legal más cercana, busque en el directorio telefónico local, o comuníquese con:

Asociación Nacional de Abogados de Ayuda Legal

E-mail: info@nlada.org

www.nlada.org (en inglés)

También puede encontrar ayuda legal gratis disponible en algún programa de una facultad de derecho, supervisado por un abogado. Algunos de estos programas están abiertos al público. Otros limitan sus servicios a grupos específicos como personas de la tercera edad o personas de bajos ingresos. Infórmese en la facultad de derecho de su área sobre la disponibilidad de tales programas.

CUSTODIA

Los servicios ofrecidos por las oficinas estatales de CSE (The Office of Child Support Enforcement) se encargan de:

• Localizar al padre o madre sin la custodia del menor

• Determinar la paternidad

• Establecer y hacer cumplir la orden de sustento

• Modificar órdenes de sustento cuando son inapropiadas

• Cobrar y distribuir los pagos correspondientes al sustento del menor

Mientras que los programas varían de un estado a otro, sus servicios están disponibles para todos los padres y madres que los necesiten.

Fuente: Sitio de la Administración Federal para Asuntos de Niños y Familias.

http://www.acf.hhs.gov/

http://www.acf.hhs.gov/programs/cse/resources/hispanic/

Descarga la Guía para el Cumplimiento del Sustento de Menores aquí:

http://www.acf.hhs.gov/programs/cse/fct/childspan.pdf.

Ya que las oficinas del Cumplimiento del Sustento de Menores están regidas por los estados. Como muestra, aquí tienen los números de teléfono de las oficinas de aquellos estados con la mayor cantidad de residentes hispanos.

Florida: 1-800-622-5437, Opción #7

Nueva York: 1-888-208-4485, Opción #2

Texas: 1-800-252-8014, Opción #2

California: 1-866-249-0773, Opción #1

Illinois: 1-800-447-4278, Opción #2

DIVORCIO

La petición de divorcio/disolución es un documento legal que un cónyuge quien desea el divorcio envía a la corte. También llamada "demanda" en algunos estados, la petición informa a la corte el deseo del cónyuge (llamado "solicitante" o "demandante") de finalizar su matrimonio.

Enviar estos documentos a la corte significa el inicio del proceso de divorcio. Una vez que la petición de divorcio/disolución le ha sido "entregada" al cónyuge del solicitante, se le notifica que el proceso de divorcio ha comenzado (más información sobre la entrega a continuación).

Contenido de la petición de divorcio/disolución: información y requisitos.

Aunque los requisitos y formatos varían de estado a estado, la petición de divorcio/disolución típicamente contiene la siguiente información:

• Identificación de los cónyuges por nombre y dirección;

• Fecha y lugar del matrimonio;

• Identificación de los hijos producto del matrimonio;

• Prueba de que el solicitante y/o su cónyuge ha vivido en el estado o condado por cierto periodo previo al envío de la petición;

• Fundamentos para el divorcio;

• Declaración o información sobre cómo le gustaría al solicitante establecer las finanzas, la división de bienes, la custodia de los hijos menores, las visitas, y otros asuntos relacionados con el divorcio.

Fuente: Información en español sobre la ley de divorcio en Estados Unidos:

http://espanol.findlaw.com/ley-de-familia/divorcio/divorcio-solicitud.html

HERENCIA (ASUNTOS DE)

Reglas para tener en cuenta al redactar un testamento:

• En la mayoría de los estados en Estados Unidos, hay que tener 18 años de edad o más.

• Para ser válido, un testamento debe ser redactado en sano juicio y plena facultad mental.

• El documento debe declarar con claridad que es su testamento.

• Debe establecer un albacea que haga cumplir su testamento y se asegure de que su herencia sea distribuida de acuerdo a sus deseos.

• No es necesario legalizar ni inscribir su testamento, pero hacerlo podría protegerlo contra demandas sobre su validez. Para que sea válido usted debe firmar el testamento en presencia de al menos dos testigos.

Fuente: Centro Federal de Información para el Público – Testamentos y Funerales

http://www.consumidor.gov/sp_caw_testamentos_funerales_funerales.shtml

(202) 501-1794, solicite ayuda en español y una operadora le atenderá.

VIOLENCIA DOMÉSTICA

Contesta estas preguntas para determinar si eres víctima de violencia doméstica.

¿ESTOY SIENDO VÍCTIMA DE ABUSO?

¿Qué tal va tu relación?

¿Acaso tu pareja...
- te avergüenza rebajándote o menospreciándote?
- te mira o actúa de forma que te asusta?
- controla lo que haces, a quién ves, con quién hablas o adonde vas?
- no te deja ver a tus amigos o familiares?
- toma tu dinero o cheque del seguro social, te hace pedir dinero o se rehúsa a darte dinero?
- toma todas las decisiones?
- te dice que eres un mal padre o madre de familia o te amenaza con quitarte o lastimar a tus hijos?
- te impide que trabajes o que vayas a la escuela?
- actúa como si el abuso no fuese la gran cosa, como si fuese tu culpa, o incluso niega que exista?
- destruye tus cosas o amenaza con matar a tus mascotas?
- te intimida con pistolas, cuchillos o cualquier otra arma?
- te empuja, abofetea, asfixia o te pega?
- te obliga a retirar los cargos hechos en su contra?
- te amenaza con cometer suicidio?
- te amenaza con matarte?

Si contestaste afirmativo aunque sea a una de estas preguntas, quizás estés en una relación abusiva. Para obtener apoyo y más información, por favor llama a la Línea Nacional Sobre Violencia Doméstica al 1-800-799-SAFE (7233) o al TTY 1-800-787-3224 (para personas con problemas auditivos).

Fuente: Línea Nacional Sobre Violencia Doméstica

http://www.ndvh.org/en-la-linea-nacional-sobre-la-violencia-domestica/

1-800-799-SAFE(7233), solicite ayuda en español y la operadora conseguirá un interprete para poder comunicarse con usted.

Hay muchísimos recursos más al alcance de tus dedos y en español. Sólo tienes que tener acceso a una computadora con Internet o a una biblioteca pública.

Te deseo la mejor de las suertes.

Dra. Ana María Polo

AGRADECIMIENTOS:

Sin los que siguen, hubiera sido, simplemente, imposible.

Primero, DIOS, quien nos creó con premeditación y alevosía para que supiéramos que es el principio y final de TODO.

A mi equipo de *Caso cerrado*, por su dedicación, lealtad, creatividad y entusiasmo que mantienen viva la ilusión de un programa que sobrevive cada día la vorágine que es la televisión en este siglo.

A Santillana, por la iniciativa de tomar el paso con este atrevido trabajo.

Y principalmente a Marlene Key, quien le da vida a mis ideas y las lleva a cabo con la insistencia de la fuerza absoluta. Por tener fe en mi locura y no titubear ante nada. Por verter su inagotable creatividad y energía en todo lo que toca.

Por último, a ese increíble público que me admira y me ama y hace posible que mi deseo de educar y entretener no caigan en vano.

Con todo mi cariño y respeto,

Ana María Polo

SOBRE LA AUTORA

La Dra. Ana María Polo nació en La Habana, Cuba, y emigró junto a sus padres a Miami, Florida, en 1961. Estudió en la Universidad Internacional de la Florida donde recibió la licenciatura en Ciencias Políticas; luego estudió y recibió el título en Derecho de la Universidad de Miami. Ya como abogada, practicó en el área de Derecho de Familia y está autorizada por el Colegio de Abogados para ejercer en el estado de la Florida.

En 2001 debutó como conductora en el programa diurno de televisión *Sala de parejas*, donde fungía como árbitro o mediadora entre parejas que exponían diversos casos de la vida cotidiana. En 2005 el nombre del programa cambió a *Caso cerrado con la Dra. Ana María Polo*, y el formato se modificó de acuerdo con la cantidad de casos. Además, se incluyeron nuevas secciones en el programa en los cuales la Dra. Polo educa a la audiencia sobre una gran variedad de temas relacionados con el Derecho. En este nuevo formato la Dra. Polo muestra sus dotes artísticos al componer e interpretar el tema principal del programa.

Por su trabajo mediático televisivo, la Dra. Polo ha sido galardonada con el Premio Inte en 2004, el Premio ACE en 2003 y 2004, el Premio Torch Award de la Universidad Internacional de la Florida (FIU), el Premio Hispanic Business Salute en 2006, el Premio The Hispanic Alliance "Nuestro Pueblo" Award en Atlantic City, y el Premio Paoli de Puerto Rico en 2006.

Sin duda alguna, su proyección desde la televisión le ha posibilitado hacer uso de su gran aceptación entre millones de personas para impulsar causas y llevar mensajes de beneficio social. Como sobreviviente de cáncer de seno, continúa dando apoyo incondicional a la Fundación Susan G. Komen en diversos eventos de la institución, tales como su madrinazgo en las carreras por la Cura del Cáncer de Seno en Puerto Rico desde el 2005. Apoya además al Hospital St. Jude Cancer Research Center para niños.

La Dra. Polo vive con pasión y entrega la carrera que eligió para servir. Esa pasión que muestra cada día a través de la pantalla cuando su público la elige para encontrar una mejor manera de resolver sus problemas, y que ella traduce en esperanza para que nunca olviden que siempre hay una mejor manera de vivir.